MINISTÈRE DES TRAVAUX PUBLICS.

EXPLOITATION DES PORTS.

(ORGANISATION, OUTILLAGE ET RÉGLEMENTATION.)

ÉTUDE

SUR

LES PRINCIPAUX PORTS DE COMMERCE EUROPÉENS

DE LA MÉDITERRANÉE,

PAR

M. LAROCHE,

INGÉNIEUR EN CHEF DES PONTS ET CHAUSSÉES,

PUBLIÉE PAR ORDRE DE M. LE MINISTRE DES TRAVAUX PUBLICS.

MISSION ACCOMPLIE EN 1883.

TEXTE ET PLANCHES.

PARIS.

IMPRIMERIE NATIONALE.

M DCCC LXXXV.

EXPLOITATION DES PORTS.

(ORGANISATION, OUTILLAGE ET RÉGLEMENTATION.)

———

ÉTUDE

SUR

LES PRINCIPAUX PORTS DE COMMERCE EUROPÉENS

DE LA MÉDITERRANÉE.

MINISTÈRE DES TRAVAUX PUBLICS.

EXPLOITATION DES PORTS.

(ORGANISATION, OUTILLAGE ET RÉGLEMENTATION.)

ÉTUDE

SUR

LES PRINCIPAUX PORTS DE COMMERCE EUROPÉENS

DE LA MÉDITERRANÉE,

PAR

M. LAROCHE,

INGÉNIEUR EN CHEF DES PONTS ET CHAUSSÉES,

PUBLIÉE PAR ORDRE DE M. LE MINISTRE DES TRAVAUX PUBLICS.

MISSION ACCOMPLIE EN 1883.

TEXTE ET PLANCHES.

PARIS.

IMPRIMERIE NATIONALE.

M DCCC LXXXV.

ÉTUDE

L'ORGANISATION, L'OUTILLAGE

ET LA RÉGLEMENTATION

DES

PRINCIPAUX PORTS DE COMMERCE EUROPÉENS

DE LA MÉDITERRANÉE.

───────────

SOMMAIRE.

Les ports principaux de l'Europe situés sur les bords de la Méditerranée, et que nous avons été chargé d'étudier, sont :

Trieste, en Autriche-Hongrie;
Venise et Gênes, en Italie;
Barcelone, en Espagne.

Ils appartiennent tous aux États; la construction, l'exploitation, l'administration, la réglementation de ces ports sont exclusivement du domaine des États; les villes, les chambres de commerce, etc., n'intervenant que pour certaines parties de l'outillage, et encore d'une façon assez restreinte, sauf en Espagne.

Ce simple exposé fait ressortir la différence radicale qui existe entre ces ports et ceux dont nous nous sommes occupés, avec M. l'Inspecteur général Plocq, dans notre mission de 1878.

En effet les principaux ports de commerce de l'Europe septentrionale appartiennent tous à des villes, à des associations, à des compagnies, etc., qui les construisent, les exploitent, les administrent et les réglementent; les États n'intervenant que pour donner une sanction législative à certaines mesures d'ordre général.

L'impression que produit cette différence de régime a été ressentie très vivement par M. le Président du gouvernement maritime autrichien à Trieste.

Ce haut fonctionnaire avait été chargé d'une mission d'étude, analogue à la nôtre, dans divers pays étrangers et notamment en Hollande. Il s'était fait donner par son gouvernement des lettres d'introduction auprès des gouvernements dont relevaient les ports qu'il devait visiter.

Quand il vint à Rotterdam et présenta ses lettres à l'administration du port on lui répondit : « Il n'y a pas ici de gouvernement hollandais, il n'y a que la municipalité de Rotterdam. »

Dans tous ces ports de la Méditerranée, comme dans ceux de l'Europe septentrionale, on travaille avec activité à leur amélioration, à leur extension, à leur outillage.

On s'efforce d'avoir au moins 8 mètres de tirant d'eau dans les darses et 6 mètres le long des quais.

Les travaux d'outillage, surtout, sont l'objet de la plus grande sollicitude ; et par le mot outillage on doit entendre l'installation des voies ferrées, des hangars, des magasins, des engins de chargement et de déchargement, des appareils de radoub, etc.

Dans tous ces ports, comme dans les nôtres, l'éclairage et le balisage des côtes ainsi que le service du pilotage relèvent des États ; tandis que le remorquage, le lestage et le délestage sont entre les mains de l'industrie privée.

La navigation intérieure, qui joue un si grand rôle dans les ports du nord de l'Europe, est nulle dans ces ports de la Méditerranée, sauf à Venise, où elle est d'ailleurs peu importante ; elle est remplacée par un cabotage côtier très actif.

Nous avons signalé dans notre premier rapport les marques d'étonnement critique que nous avions recueillies, notamment en Angleterre, sur la façon dont on conçoit en France certaines questions relatives aux ports de commerce et, de plus, nous n'avons jamais entendu exprimer par nos voisins le désir de voir leurs ports ressembler aux nôtres.

Dans la Méditerranée, au contraire, il semble que Marseille soit le type de la perfection ; chacun paraît ambitionner que son port soit une autre Marseille. On se tient au courant de tout ce qui s'y fait, on étudie et on imite les principes et les dispositions techniques qui y ont été appliqués.

Si l'on ajoute que, comme en France, l'État est le maître absolu des ports, on conclura de ces analogies que nous avons peu d'enseignements à retirer de ce qui s'y pratique.

Cette conclusion est sans doute exacte, au moins dans une certaine limite; toutefois il y a lieu de faire une exception en ce qui concerne l'Espagne.

Ainsi, dans tous les ports que nous connaissons, la presque totalité des droits est perçue sur le tonnage des navires; en Espagne il n'y a aucune taxe basée sur ce tonnage.

En Angleterre il y a généralement une assez grande variété de taxes et quelques-unes portent sur la marchandise, ce qui semble rationnel; en Espagne il n'y en a qu'une seule et elle incombe tout entière à la marchandise chargée ou déchargée dans le port.

En Espagne, comme en France, en Italie, en Autriche, l'État construit, entretient, administre, etc. les ports. Mais en Espagne ce n'est là qu'un principe théorique, pour ainsi dire.

Ainsi, à Barcelone, l'État, depuis plus de treize ans, ne contribue en rien aux dépenses des travaux et il vient de remettre la partie essentielle de l'administration du port aux mains d'un comité local appelé « Junta ».

Aussi le port de Barcelone ne peut-il être assimilé qu'à ceux des municipalités les plus actives et les plus prospères du nord de l'Europe.

La Junta y est presque tout : l'État presque rien.

Et on peut ajouter de suite que le résultat de cette administration locale est remarquablement satisfaisant.

Nous donnerons dans notre rapport détaillé l'histoire très instructive de la Junta du port de Barcelone; nous dirons dans quelles circonstances, calamiteuses pour l'Espagne, elle a dû se créer et fonder son crédit, aujourd'hui de premier ordre; comment on a su y grouper et faire concourir au succès de l'entreprise les représentants les plus intelligents et les plus expérimentés des intérêts du port à tous les points de vue; avec quelle netteté on y a compris les conditions à observer sous le rapport économique et technique dans l'exécution de pareils travaux et dans leur exploitation.

Il nous suffit pour le moment d'avoir signalé que Barcelone offre des particularités qui le distinguent des autres ports de France, d'Italie et d'Autriche-Hongrie.

ADMINISTRATION.

Partout nous avons entendu exprimer le désir de voir établir un accord direct et immédiat entre les représentants locaux des diverses administrations qui ont à intervenir dans les questions relatives aux ports et dont la rivalité, trop fréquente dès qu'ils agissent isolément, est la cause de pertes de temps et d'argent très préjudiciables à l'intérêt général.

On trouve à Gênes un comité analogue à celui dont nous avons signalé l'existence à Anvers, qui étudie, prépare et le plus souvent décide d'un commun accord les projets d'installation de voies ferrées et de hangars sur les quais.

DES TAXES.

En Italie et en Autriche-Hongrie, les taxes générales, ordinairement désignées sous le nom de droits de ports et que doivent payer tous les navires par suite du fait seul de leur entrée, sont perçues par l'État; elles sont basées sur le tonnage des navires.

Elles ne sont pas majorées en faveur d'administrations locales, ainsi que cela a lieu en France pour certaines chambres de commerce; mais il faut ajouter que ces administrations locales, en Italie et en Autriche, ne semblent pas s'être imposé des sacrifices de notable importance pour faciliter ou hâter l'exécution des travaux à la charge de l'État.

Nous avons dit qu'en Espagne les taxes générales sont fixées d'après une base tout autre que le tonnage et qu'elles portent exclusivement sur le chargement et le déchargement des marchandises; elles sont perçues par l'État.

Mais comme la Junta du port de Barcelone a dû fournir seule les sommes considérables qu'exigeaient l'amélioration et l'agrandissement du port, on trouve à Barcelone des taxes locales, portant toujours sur le mouvement des marchandises et non sur celui des navires; elles sont encaissées par la Junta.

La tendance est de réduire autant que possible le nombre des taxes; ainsi une loi toute récente a aboli, en Autriche-Hongrie, les droits de phares qui y subsistaient naguère encore.

En Espagne, on avait voulu n'avoir qu'une taxe unique par tonne de marchandise embarquée ou débarquée, quelle qu'en fût la nature; c'était là une exagération de simplicité à laquelle on a renoncé presque de suite.

Il n'est pas dans la nature des tarifs d'être simples pour être équitables et rationnels; et la pratique constante des autres pays porterait à penser que la suppression de toute taxe sur le tonnage n'était peut-être pas absolument indispensable.

DOUANES.

Partout nous avons entendu formuler des plaintes contre la gêne qu'impose au commerce le service des douanes par la trop courte durée du temps pendant lequel ses agents sont à la disposition du public. Il en résulte des retards souvent préjudiciables dans le chargement ou le déchargement des navires.

Aussi cherche-t-on partout à s'affranchir de ces sujétions, soit en défendant pied à pied les franchises dont jouissent quelques villes, comme Trieste, ou l'existence de certains magasins appelés « *point franc* » (punto franco) en Italie, et qui ont aussi des privilèges spéciaux; soit en construisant des hangars, qui sont pour ainsi dire l'extension de la cale des navires et où la marchandise est considérée comme étant encore à bord.

FINANCES.

Les États se procurent les fonds nécessaires à l'exécution et à l'entretien des travaux par leurs moyens ordinaires de trésorerie. Toutefois on sait qu'à Gênes les dépenses du nouveau port sont couvertes pour la plus grande partie par un legs considérable laissé à la municipalité par le feu duc de Galliera.

A Barcelone, la Junta s'est procuré les fonds dont elle avait besoin au moyen d'une émission d'obligations dont l'intérêt et l'amortissement sont garantis par la taxe spéciale et locale mentionnée ci-dessus.

AMÉNAGEMENT DES PORTS.

En ce qui concerne les tendances générales au point de vue de l'aménagement des ports, nous pourrions répéter presque textuellement ce que nous disions à la suite de notre mission de 1878, sauf, bien entendu, pour les ouvrages spéciaux des ports à marée, tels que les bassins à flot, puisqu'il n'y a pour ainsi dire pas de marée dans la Méditerranée et qu'à Venise même, où elle est sensible, elle est encore très faible.

Ainsi, partout, on cherche à remplir les conditions suivantes :

1° POUSSER LA LARGEUR DES QUAIS JUSQU'À 100 MÈTRES AU MOINS.

A Barcelone, pour atteindre ce but, on a démoli la muraille de mer, dont les voûtes servaient de dépôts.

A Gênes, on espère pouvoir faire disparaître aussi la terrasse de marbre pour dégager complètement les quais qu'elle obstrue, malgré les atermoiements de la douane et du commerce qui ont transformé ses arcades en magasins, et malgré le regret de sacrifier une sorte de monument public.

2° ÉTABLIR DES HANGARS OU ABRIS SUR LES QUAIS.

Il en existe déjà un assez grand nombre à Trieste, Venise, Gênes et Barcelone; ou continue à en construire de nouveaux.

Le plancher de ces hangars est, en général, à la hauteur de la plate-forme des wagons, sauf sur les points où un camionnage très actif a exigé que le plancher fût au niveau du sol des rues pour que les voitures pussent pénétrer librement.

3° MUNIR LES QUAIS D'ENGINS DE MANUTENTION.

A Barcelone, tous les quais sont munis d'un système très complet de trente et une grues actionnées par l'eau sous pression. La vue de cette longue file d'appareils rappelle le spectacle des quais de Hambourg qui sont littéralement bordés de grues, mais de grues à vapeur.

Tout ce bel ensemble d'engins ne devait commencer à fonctionner qu'un certain temps après notre départ de Barcelone. Il sera intéressant d'en étudier prochainement le mode d'exploitation.

A Gênes, les installations hydrauliques pour l'ensemble du port ne sont encore qu'en projet; mais la darse affectée au service du chemin de fer possède déjà un nombre suffisant de grues à vapeur, grâce auxquelles on réalise une utilisation exceptionnellement élevée du faible développement des quais de cette darse.

A Trieste, il n'y a qu'un petit nombre de grues, toutes à vapeur et, il faut le reconnaître, à peu près toutes inutilisées.

Il paraît résulter des renseignements, qui nous ont été donnés, qu'on rencontre là comme dans tant d'autres ports, et à Gênes notamment, l'opposition, le mauvais vouloir, ou tout au moins l'inertie de certaines habitudes locales ou de corporations très puissantes, dans lesquelles les commerçants et les armateurs ont aussi de sérieux intérêts.

4° RÉGLEMENTER L'USAGE DES QUAIS AINSI OUTILLÉS DE FAÇON À LEUR FAIRE RENDRE
LA PLUS GRANDE SOMME D'UTILITÉ POSSIBLE.

Partout on sent l'utilité de cette réglementation pour éviter le trop long
stationnement des navires à quai.

Dans les ports, comme Trieste et Gênes, où les capitaines de port ont une
sorte de pouvoir discrétionnaire, il semble probable que les choses se passe-
ront à peu près comme on le voudra.

A Barcelone, où le Gouvernement espagnol a confié l'administration du
port, en ce qui concerne les quais, à la Junta locale, on a édicté un règlement très détaillé et assez sévère, que nous analyserons plus tard.

Dans tous ces ports on se propose, d'ailleurs, d'affecter aux services réguliers
de bateaux à vapeur qui y ont leur point d'attache ou y font de très fréquents
voyages, des emplacements réservés à quai et des hangars spéciaux.

Cela existe dès à présent à Venise.

A Gênes, le chemin de fer dispose d'une darse spéciale dont nous avons
déjà parlé; et, comme partout ailleurs dans le même cas, c'est là qu'on trouve
l'exploitation la plus active.

5° FAVORISER LA FRÉQUENTATION DU PORT PAR LES NAVIRES.

A Barcelone, nous le répétons, les navires ne payent rien, ou du moins ce
qu'ils ont à payer ne dépend pas de leur tonnage; et il leur est facile de re-
porter sur le fret les taxes de chargement et de déchargement.

C'est là un grand avantage pour les navires à vapeur qui font un service
d'escales et qui sont tous forcés aujourd'hui d'avoir un tonnage considérable
pour pouvoir naviguer économiquement.

Mais dans aucun de ces ports nous n'avons trouvé des taxes réduites pour
les navires qui y viennent plus d'un certain nombre de fois chaque année,
comme cela a lieu à Anvers.

Il y a cependant des tarifs d'abonnement pour les petits vapeurs faisant un
service à peu près journalier de transport de voyageurs.

6° FAVORISER LE COMMERCE DE TRANSIT.

Par suite des facilités croissantes des communications entre les ports et
l'intérieur du pays, les centres d'approvisionnement, de fabrication et de con-
sommation, s'éloignent de plus en plus de la mer et se disséminent dans la

contrée, de sorte que les marchandises ont, de plus en plus, la tendance à ne faire que passer par les ports, soit à leur arrivée, soit à leur départ.

On ne peut songer à s'opposer à ce résultat inévitable et on comprend au contraire, en général, qu'on doit favoriser son développement.

Cependant les intermédiaires locaux, camionneurs, commissionnaires, magasiniers, etc., voient naturellement avec regret leur échapper une source de bénéfices et font tous leurs efforts pour la conserver le plus longtemps possible.

C'est là une de ces difficultés qu'on rencontre partout et toujours.

Les moyens qu'on emploie pour faciliter le commerce de transit consistent d'abord à amener jusque dans le port les grandes voies de communication intérieure.

Dans les ports de la Méditerranée, où, d'une manière à peu près générale, n'aboutissent pas de canaux de navigation, ce sont les chemins de fer qu'il faut conduire jusque sur les quais.

Ils consistent aussi à créer des magasins ou entrepôts, à tarifs fixes quelles que soient les circonstances, et où le commerce peut, au moyen de warrants, mobiliser la valeur des marchandises.

7° VOIES FERRÉES DES QUAIS.

Nous n'avons trouvé dans aucun des ports de la Méditerranée quelque indication nouvelle de nature à modifier les observations que nous avons présentées à la suite de notre étude des ports de l'Europe septentrionale.

Il nous a semblé qu'on regrettait partout que la disposition des môles, perpendiculaires aux quais de rive, forçât de recourir à l'emploi continuel des plaques tournantes pour la manœuvre des wagons un à un et empêchât de conduire directement des trains entiers à l'aide des locomotives.

A Venise, où la disposition des lieux le permet, on paraît décidé à remplacer par des courbes les passages sur plaques.

Partout les locomotives circulent sur les voies des quais, là où cela leur est matériellement possible; et quand on a vu, à Gênes, le passage incessant de trains sur le bord d'une rue étroite, encombrée par une circulation des plus actives de camions et de piétons, on ne peut douter que cette solution ne soit en somme admissible dans la plupart des cas, car les circonstances ne peuvent guère jamais être plus embarrassantes.

Partout les voies ferrées des quais sont exploitées par les compagnies de chemins de fer dont les rails aboutissent au port.

Si nous sommes bien renseigné, ces compagnies font toutes payer un certain prix de camionnage pour le transport sur les voies des quais.

8° GARES MARITIMES.

Ces ports sont généralement mieux dotés que les nôtres, de gares maritimes.

La gare de Trieste est en réalité celle du port, elle a toute la surface et tout le développement de rails nécessaires.

A Venise, la gare maritime pourra être agrandie autant que l'exigera le trafic le plus actif.

A Barcelone, les voies des quais se réunissent dans une gare très voisine du port et qui paraît actuellement suffisante.

A Gênes, l'amphithéâtre de montagnes, qui enceint le port, et la présence de la terrasse de marbre, sur les quais, ne permettent pas de développer une vaste station maritime à proximité des darses. Mais à quelques kilomètres de Gênes se trouve la grande gare de Sampierdarena.

9° MAGASINS, ENTREPÔTS.

Partout on se préoccupe de créer des magasins à warrants.

Il en existe, à Trieste, qui sont administrés par un comité composé de membres de la Chambre de commerce et de membres de la Municipalité.

Le projet des magasins de Venise vient d'être approuvé; l'exploitation paraît devoir en être confiée à la Municipalité.

A Barcelone, le projet vient également de recevoir la sanction du Gouvernement; l'exploitation des magasins est remise à la Junta du port.

A Gênes, la question est encore à l'étude.

10° OFFRIR À LA NAVIGATION DES MOYENS DE RADOUB EN NOMBRE SUFFISANT ET SUFFISAMMENT PUISSANTS.

Le développement de la navigation à vapeur rend indispensable l'établissement d'appareils de radoub dans les ports que fréquentent habituellement les steamers et surtout dans leurs ports d'attache.

Ces navires ont, en effet, besoin de passer au moins une fois chaque année au bassin et ils ont, accidentellement, de légères avaries qui exigent la visite rapide de leurs œuvres vives.

Cette nécessité est vivement sentie partout où des engins de radoub convenables ne sont pas constamment à la disposition des armateurs.

IMPRIMERIE NATIONALE.

SOMMAIRE.

A Barcelone, il n'existe qu'une cale de halage insuffisante, les grands navires à radouber doivent aller à Marseille ; on étudie comparativement un projet de formes en maçonnerie et l'application du dock flottant à dépôt sur gril, du système Clarke et Stanfield, dont nous avons rendu compte dans notre précédent rapport.

A Gênes, les appareils de radoub, au nombre de trois, sont une forme en maçonnerie, une forme flottante et une cale de halage.

Ils sont presque toujours occupés et d'ailleurs de trop petites dimensions; on attend l'achèvement des nouvelles jetées pour entreprendre des formes plus grandes en maçonnerie.

A Venise, le commerce peut obtenir l'autorisation de se servir des deux beaux bassins de radoub de l'Arsenal, et ces bassins seraient plus que suffisants pour les besoins actuels de la navigation dans ce port, s'ils étaient à sa disposition au moment où elle doit y recourir; mais là, comme partout ailleurs, il y a une sorte d'incompatibilité entre la marine de guerre et la marine de commerce et il est question de construire à Venise un bassin de grandes dimensions pour les navires marchands.

A Trieste, les vapeurs trouvent des moyens de radoub suffisants dans les ateliers du Lloyd et dans ceux d'un établissement de constructions maritimes.

CONCLUSION.

En résumé, dans tous les ports de la Méditerranée, en concurrence avec Marseille, on travaille très activement à leur amélioration, à leur extension, à leur outillage; et, à Barcelone, on trouve un exemple, très intéressant à étudier, d'administration locale qui rappelle, par certains côtés, l'organisation d'un grand nombre de ports de l'Europe septentrionale et qui offre, en outre, des particularités remarquables.

CHAPITRE PREMIER.

ESPAGNE.

BARCELONE.

L'administration du port de Barcelone est confiée, en fait, à un comité local bien qu'en droit elle appartienne à l'État.

L'Espagne est le seul pays du bassin de la Méditerranée qui offre un pareil exemple, et les effets de cette administration locale paraissent y avoir été aussi satisfaisants qu'en Angleterre, en Belgique, en Hollande et en Allemagne, du moins si on en juge d'après les résultats obtenus à Barcelone.

Jusqu'au 17 décembre 1851, tous les ports de la Péninsule relevaient du Ministère de la marine; à cette époque intervint un décret qui les fit passer dans les attributions du Ministère des travaux publics [1], à l'exception des deux ports de guerre, Carthagène et le Ferrol.

Ce décret stipulait que les ports seraient classés en deux catégories : 1° d'intérêt général; 2° d'intérêt local. Un règlement, du 30 janvier 1852, établit ce classement; Barcelone y figure au premier rang parmi les ports d'intérêt général.

Les ports d'intérêt local furent divisés en deux catégories suivant leur importance.

L'État devait supporter les dépenses des ports d'intérêt général et laissait les frais des autres à la charge des localités, tout en promettant d'y concourir.

Cette décision entraînait l'obligation d'accorder aux localités le moyen de

---

[1] Il n'y a pas, en réalité, un ministère spécial des travaux publics en Espagne. Les travaux publics y dépendent du ministère dit «de Fomento», qui a en outre dans ses attributions l'instruction publique, les beaux-arts, etc. et d'une manière générale tout ce qui se rapporte au développement des œuvres de la science et des arts.

se procurer les ressources nécessaires; et il fut prévu, en effet, que le Gouvernement pourrait, sur la demande des chambres de commerce et l'avis des députations provinciales, autoriser le prélèvement, dans certains ports, de taxes locales spécialement affectées aux travaux de ces ports.

Barcelone demandait alors l'exécution d'ouvrages importants; on les étudia; mais l'État ne disposait pas des ressources nécessaires pour les entreprendre. La ville fut ainsi amenée à invoquer la nouvelle législation et à proposer l'établissement de droits spéciaux dans son port.

Une loi, du 30 avril 1856, lui donna satisfaction. L'État prenait en même temps l'engagement de parfaire la différence entre le montant de ces droits et le coût des travaux.

Des projets furent arrêtés, approuvés et reçurent un commencement d'exécution en 1865.

Mais, vers cette époque, l'Espagne entrait dans une crise exceptionnellement grave de révolutions et de guerres civiles.

Le 29 septembre 1868, la déchéance de la reine Isabelle était prononcée et un gouvernement provisoire était établi.

Les impôts rentraient fort mal et leur produit devait être consacré à des nécessités d'ordre supérieur.

Cependant Barcelone continuait à réclamer des améliorations indispensables et urgentes.

Or un décret, du 14 novembre 1868, avait autorisé la formation de comités locaux ou «Juntas» pour l'exécution des travaux provinciaux et municipaux.

De là naquit l'idée de constituer, pour ce port, une Junta qui fut créée par décret du 11 décembre 1868.

Quelques considérants de ce décret sont à citer.

«Considérant, y est-il dit, que le commerce de Barcelone, en demandant la constitution d'une Junta spéciale pour activer l'exécution des travaux du port, donne une preuve de l'esprit d'initiative et d'entreprise de cette cité intelligente et laborieuse;

«Considérant que, loin d'exiger de l'État de nouveaux sacrifices, Barcelone le dégage de la promesse qu'il avait faite, par la loi du 30 avril 1856, de subvenir à une partie du coût des travaux; que, de plus, elle s'engage à terminer à bref délai les ouvrages, à l'aide des ressources que lui procurera son crédit, garanti d'ailleurs par des taxes qui pèseront principalement sur le commerce même de la ville;

« Considérant que la direction technique des travaux continuera à dépendre du Ministère des travaux publics et que la qualité des personnes devant composer la Junta offre toute garantie de leur bonne gestion; qu'ainsi les intérêts de l'État ne courent aucun danger;

« Considérant que ce système a déjà, en Catalogne, des précédents qui ont donné des résultats satisfaisants,

« Décrète, etc. »

On a vu à quelle époque de troubles est née la Junta du port de Barcelone; on va voir au milieu de quelles circonstances critiques elle a dû fonctionner au début et quelles entraves elle a rencontrées ensuite dans l'accomplissement de sa tâche.

Il semble qu'aucune épreuve ne lui ait été épargnée et, comme elle les a subies avec succès, on doit reconnaître que cette organisation répondait bien aux besoins du commerce de Barcelone.

Les difficultés ont été de toutes sortes.

Dans l'ordre politique, il suffira de mentionner qu'en six ans, du 29 septembre 1868 au 29 décembre 1874, eurent lieu six changements de gouvernement; et on sait qu'en Espagne un simple changement de ministère entraîne souvent une modification profonde du personnel dans un grand nombre de branches de l'administration publique.

Cette période calamiteuse est marquée, en outre, par l'invasion, en 1870, de la fièvre jaune à Barcelone, dont le port fut mis en quarantaine.

Ces événements extraordinaires étaient, à coup sûr, de nature à compromettre l'existence de la nouvelle institution si elle n'avait pas eu en elle-même des germes indestructibles de vitalité et une indispensable raison d'être.

Mais la Junta s'est heurtée aussi à des obstacles qui, pour n'avoir pas le même caractère exceptionnel, sont peut-être plus intéressants à connaître, parce qu'il est probable qu'ils se présenteraient partout où on voudrait introduire pour la première fois un système analogue d'administration locale dans un port.

Pour en donner une idée, nous ne pouvons mieux faire que d'analyser un mémoire rédigé par la Junta de Barcelone, le 20 avril 1881, à l'époque où le Gouvernement projetait une modification dans l'organisation des juntas des ports.

La Junta instituée le 11 décembre 1868 tint sa première séance le 1ᵉʳ février 1869.

Elle étudia d'abord son règlement qui obtint l'approbation supérieure le 26 juillet 1869.

Ce règlement était conçu dans un esprit extrêmement libéral et décentralisateur.

A peine était-il arrêté, que l'administration et la Junta reconnurent la convenance d'y apporter une première modification, ce qui eut lieu le 22 juin 1870.

Bientôt l'État manifesta une tendance à vouloir reprendre une plus grande autorité sur les actes de la Junta et, dans certains cas, il donna à quelques articles du règlement une interprétation restrictive et d'un caractère accentué de centralisation.

Le 21 novembre 1878, une ordonnance royale retira aux juntas le droit, qu'elles avaient auparavant, de choisir et de nommer le directeur technique des travaux et le conféra au Ministère des travaux publics. Enfin un décret royal, du 24 mars 1881, réorganisa les juntas des ports et annonça qu'un nouveau règlement général serait promulgué à bref délai.

Ce règlement n'était pas encore publié en octobre 1883.

On lira sans doute avec intérêt celui qui régit actuellement la Junta de Barcelone et qui a servi de modèle pour ceux des juntas des autres ports de l'Espagne.

Nous en annexons une traduction presque complète. (Annexe n° 1.)

La Junta de Barcelone estime que la pratique sincère de ce règlement a donné d'excellents résultats; la preuve en est, d'après elle, dans l'activité avec laquelle on a conduit les travaux, dans le produit qu'on est parvenu à faire rendre aux impôts pour le port, dans le crédit que la Junta a su se créer au milieu de circonstances désastreuses.

Les principes qui ont, dit-elle, servi de base au règlement sont ceux d'une décentralisation prudente et réfléchie qui assurât à la Junta, d'une part, la possibilité d'une intervention nécessaire dans tout ce qui concerne les travaux ayant un rapport direct ou indirect avec le port et lui donnât une initiative suffisante pour remplir convenablement et sans entrave l'objet de son institution; mais qui assurât en même temps au Gouvernement, d'autre part, un contrôle efficace et constant sur tous les actes de la Junta et particulièrement sur le maniement des deniers qu'elle avait à administrer.

On a attaché une importance capitale à donner la plus grande publicité possible à tout ce qui concerne l'emploi des fonds et l'exécution des travaux.

On a composé la Junta des personnes les plus intéressées à sa bonne administration.

Après l'obtention du règlement la question financière fut la grosse préoccupation du début. Il fallait être assuré de percevoir toutes les taxes concédées à la Junta, car de leur exacte rentrée dépendait la marche régulière des travaux et, surtout, la garantie à offrir aux souscripteurs des emprunts à émettre.

Or les recettes proviennent presque exclusivement du droit de déchargement; et, à l'origine, elles étaient encaissées par le Trésor public, qui conservait par devers lui les sommes disponibles.

Cette mesure offrait les plus sérieux dangers à une époque de révolutions, où les nécessités de toute espèce s'imposaient à la nation. Il fallut aux autorités la plus grande énergie pour conserver intacts les fonds destinés aux travaux du port.

La Junta demanda avec instance et obtint enfin, en mars 1870, que les recettes lui fussent versées chaque jour par la douane et qu'elle pût les déposer immédiatement, à son crédit, dans une banque.

Elle obtint en outre un droit de contrôle sur les perceptions opérées par la douane. Elle n'eut qu'à s'en applaudir; son intervention augmenta la vigilance des agents et rendit sinon impossibles, du moins très difficiles certains abus que les commerçants, membres de la Junta, connaissaient bien.

Le service des douanes en Espagne a donné lieu, paraît-il, à quelques critiques.

Le Gouvernement y trouva aussi son profit, car ceux des impôts qui étaient établis sur la même base que les droits concédés à la Junta donnèrent des produits plus élevés.

Ainsi les recettes de la Junta qui avaient été, dans l'exercice 1870-1871, de 581,963 pesetas (la peseta vaut à très peu près un franc) atteignirent, l'année suivante, 855,726 pesetas, pour dépasser un million en 1876-1877 et un million et demi en 1882.

La Junta offrait donc enfin une garantie suffisante pour pouvoir recourir au crédit.

Des emprunts étaient en effet nécessaires, car les travaux, qu'on voulait pousser très activement, absorberaient certainement chaque année, pendant leur exécution, des sommes beaucoup plus considérables que les recettes annuelles.

La Junta obtint, le 28 janvier 1870, l'autorisation d'émettre des obligations.

Les valeurs publiques subissaient alors une dépréciation exceptionnelle; c'était donc tout au moins une grande hardiesse de demander, dans de pareilles conditions, la confiance du public pour une valeur nouvelle, émise par une junta de création toute récente et émanant d'un gouvernement qui avait perdu tout crédit.

On dut, par suite, fixer l'intérêt des obligations à 7 p. o/o.

Malgré ce taux élevé, malgré la garantie connue des recettes journalières, malgré la probabilité de leur accroissement, malgré le gage qu'offrait la valeur des terrains à gagner sur la mer, on redoutait un échec.

Les membres de la Junta n'épargnèrent ni leur peine, ni leur influence, ni même leur crédit personnel pour assurer la souscription des premières obligations, d'où dépendait le sort de l'entreprise.

Heureusement le succès couronna tant d'efforts.

A la première émission de mille obligations on en demanda plus du double, elle furent cédées au-dessus du pair; depuis, la demande alla en croissant et leur prix de vente suivit une marche progressive.

On était ainsi assuré d'avoir les ressources nécessaires, il s'agissait d'en user avec toute la sagesse possible; il fallait, d'un côté, avoir assez de fonds disponibles pour subvenir à la marche des travaux, et, d'un autre côté, n'emprunter qu'au fur et à mesure des besoins réellement constatés, afin de ne pas se grever inutilement d'intérêts à payer pour des sommes restant trop longtemps sans emploi.

On arrêta en conséquence un programme assurant, parallèlement au progrès prévu des travaux, les ressources nécessaires par des émissions successives.

Tout alla bien au début, on travaillait sur d'anciens projets approuvés et on déploya une activité que Barcelone se rappelle avec d'autant plus de complaisance que, vers la même époque, la Municipalité réalisait ses projets d'agrandissement de la ville dans des proportions grandioses, sinon excessives. On y développait en même temps un véritable luxe d'éclairage au gaz et à la lumière électrique.

Rien ne semblait devoir ralentir un si bel élan pris de tous côtés.

Cependant, en mai 1871, on soumettait à l'approbation supérieure le projet de distribution des terrains à gagner sur la mer; cette approbation ne vint que dix-sept mois plus tard, le 20 octobre 1872. Ceci retarda forcément la production des autres projets qui dépendaient de celui-ci.

Le 13 février 1873, on soumit le projet de distribution intérieure du port.

La Junta croyait que l'examen auquel elle avait soumis cette étude, soit de la part du service de la marine, soit de la part des commerçants et des marins, ne laissait plus aucun doute sur la valeur de ses propositions.

Il n'en fut rien; il se manifesta un tel mouvement d'opinions contraires que le Gouvernement crut devoir recourir à de nouvelles enquêtes. Près de quatre années furent ainsi dépensées et ce n'est que le 10 janvier 1877 qu'intervint l'approbation.

Pendant tout ce temps on avait à peu près terminé les travaux engagés, on ne pouvait entreprendre ceux qui restaient à faire et qui étaient des plus importants, les chantiers se désorganisaient. Le programme méthodique des ouvrages à exécuter successivement dans un ordre rationnel, les prévisions parallèles des ressources à réaliser en conséquence se trouvaient donc complètement bouleversés.

La Junta suspendit naturellement toute nouvelle émission d'obligations; mais, malgré cela, le ralentissement des travaux fut tel qu'on ne dépensait même pas, chaque année, les recettes courantes de l'exercice.

Il en résulta une telle accumulation de fonds stériles qu'après avoir craint, au début, de ne pouvoir vivre faute de ressources on en arrivait à redouter les dangers de cette pléthore. La Junta avait bien songé à faire un amortissement exceptionnel de ses obligations, mais on attendait de jour en jour l'approbation sollicitée, pour la continuation des travaux, et elle aurait pu survenir précisément au moment de cette opération d'amortissement; et alors on aurait eu besoin non seulement de disposer de tout l'argent qu'on avait, mais encore de recourir à une nouvelle émission.

Dans ce même intervalle de temps, le crédit de l'Espagne s'était notablement amélioré, celui de la Junta était devenu excellent et il n'y avait pas de motif pour payer plus longtemps l'intérêt excessif de 7 p. o/o, qu'il avait été sage cependant de concéder à l'origine.

La Junta adressa donc, le 22 octobre 1879, au Gouvernement une demande d'autorisation de convertir sa dette, en en réduisant le taux à 6 p. o/o; le 20 avril 1881, date des derniers documents dont nous ayons eu connais-

3

sance, la Junta n'avait pas encore reçu l'approbation supérieure et craignait
d'être, par suite, obligée de faire sa prochaine émission à l'ancien taux.

La Junta a rencontré encore dans l'accomplissement de sa mission beaucoup d'autres difficultés; les unes d'un caractère spécial à Barcelone, comme
la concession faite par le Gouvernement à une compagnie de chemin de fer
d'un emplacement pour une gare, juste à l'endroit où la Junta projetait des
bassins de radoub, et cela non seulement sans l'avoir consultée, mais encore
malgré ses protestations; les autres d'un caractère plus général et qu'on rencontre à peu près partout et toujours.

C'est ainsi que la Junta a dû se préoccuper de la police des quais, afin de
prévenir, sur ceux qu'elle établissait, la continuation des abus qui se produi-
saient sur les anciens.

Pour réagir contre ces mauvaises habitudes il a fallu à ses membres le
courage de faire bon marché de leur popularité et de n'envisager que l'intérêt
public, sans se laisser arrêter par d'autres considérations.

Les quais servaient de magasins, pendant des semaines et des mois, à certaines marchandises.

La Junta dénonça, avec une vigueur extraordinaire, cette pratique qui, dit-
elle, prend sa source dans un désir immodéré et souvent injuste de lucre,
dans la tendance à accaparer le domaine public, dans le conflit de l'intérêt
de tous contre l'intérêt de quelques individus sans scrupules.

A un autre point de vue, la Junta rencontra encore de sérieuses entraves.
Les projets comprenaient la démolition de la muraille de mer, construction
analogue à la terrasse de marbre qui subsiste encore sur les quais de Gênes,
qu'elle encombre.

Il fallait, pour donner aux quais la largeur nécessaire, raser cet ouvrage où
les services publics et les particuliers avaient des magasins, et dont le couronnement formait un lieu de promenade cher aux habitants. On imagine facilement les lenteurs préjudiciables et les frais excessifs d'une pareille expropriation.

Il avait été stipulé que la Junta payerait 6o p. o/o et la Municipalité 4o p. o/o
des frais de cette expropriation; mais, malgré les instances de la Junta, la
Municipalité ne remplit pas ses engagements. Pour éviter de nouveaux délais
la Junta avança toutes les dépenses de l'expropriation et il ne paraît pas que,

jusqu'ici, elle soit parvenue à obtenir de la Municipalité le remboursement de la part qui incombait à celle-ci.

Certains travaux d'égouts devaient être faits par la Municipalité, afin de détourner du port les eaux infectes qui l'empestaient; mais, pour en obtenir la prompte exécution, la Junta dut encore en prendre une partie à sa charge.

Elle dut également payer les frais du sémaphore de Monjuich que le Gouvernement voulait supprimer.

Elle réorganisa le service de sauvetage dont les bateaux lui furent remis; elle établit un règlement, approuvé le 18 février 1878; elle préposa à la direction du service un comité de capitaines expérimentés qui formèrent un équipage suffisamment nombreux de matelots exercés, et, bien que les frais de cette institution doivent en principe incomber à la marine, c'est encore la Junta qui les supporte.

On a vu au milieu de quelles circonstances calamiteuses, au milieu de quels obstacles, de quelles entraves de toutes sortes la Junta a dû se créer et fonctionner; on va voir quels résultats remarquables elle est cependant parvenue à obtenir.

RÉSULTATS.

La Junta prit la direction des travaux du port en 1870, au mois d'avril 1881 elle avait présenté un ensemble de projets montant à 18,000,000 de pesetas, et elle avait exécuté 10,000,000 de travaux.

Parmi ces travaux il faut citer :

La construction des jetées, dont celle de l'Est atteint des profondeurs de 20 mètres au-dessous du niveau de la mer.

La construction et l'aménagement des quais et de leurs terre-pleins dans toute la longueur des terrains conquis sur la mer, y compris le rasement de la muraille de mer, etc.

Le dragage de 2,000,000 de mètres cubes de déblai, qui a fait disparaître le banc formant naguère, devant l'entrée du port, un danger permanent pour la navigation.

La Junta a acheté, en outre, au prix de 500,000 francs, une drague et des porteurs, instruments indispensables pour le maintien et l'amélioration des profondeurs du port.

3.

Quand nous avons visité Barcelone, à l'automne de 1883, on achevait la construction des jetées, et on continuait celle de quelques nouveaux quais.

On allait livrer bientôt à l'exploitation un magnifique ensemble de grues hydrauliques ayant coûté plus de 800,000 pesetas.

On continuait l'établissement de hangars devant coûter 280,000 pesetas environ.

Enfin on s'occupait de l'installation des voies ferrées sur les quais (638,500 pesetas).

Mais le succès de la gestion de la Junta ressortira encore mieux d'un simple résumé des résultats obtenus.

En 1870, le port était ouvert aux vents du S. O. au S. E. qui sont les vents de tempête dans ces parages; devant l'entrée existait un banc dont le sommet n'était qu'à 3m,50 au-dessous de la mer, les lames y déferlaient avec violence et venaient briser jusque dans le port.

Les bâtiments de grand tirant d'eau ne pouvaient entrer, aucun navire ne pouvait accoster le long des quais, faute de profondeur.

En 1883, le port est abrité; tous les navires qui se sont présentés ont été admis sans difficulté; la profondeur est de 8 mètres presque partout dans la darse et sur une grande longueur de quais; les navires cuirassés ont, sous l'abri de la jetée Est, un mouillage de 10 à 12 mètres de profondeur.

L'avant-port, de 60 hectares, forme port de refuge ou de relâche; la darse offre 80 hectares d'eaux tranquilles.

Mais il ne suffisait pas d'avoir construit le port, il fallait en assurer la bonne exploitation; la Junta soumit donc à l'autorité supérieure un projet de règlement qui fut approuvé le 10 février 1883.

Nous annexons à ce rapport une analyse des principales dispositions ayant quelque intérêt pour l'objet de cette étude. (Annexe n° 2.)

Ce règlement, rédigé par une administration locale, est assez sévère, et en l'établissant on a eu égard, avec un très grand sens pratique, à toutes les exigences actuelles de la navigation et du commerce.

L'exécution du règlement dépend de la surveillance de gardes-quais nommés et rétribués par la Junta, on peut donc dire qu'en réalité c'est la Junta qui a la partie la plus essentielle de l'administration du port, au point de vue de son exploitation journalière.

GESTION FINANCIÈRE DE LA JUNTA.

L'exercice financier de la Junta va du 1ᵉʳ juillet d'une année au 30 juin de l'année suivante.

Les comptes sont présentés en pesetas; et on peut admettre, sans erreur sensible, que la peseta vaut 1 franc.

Les taxes pour les travaux du port s'élèvent à 80 p. o/o des droits de déchargement, dont nous parlerons plus loin.

RECETTES ANNUELLES.

EXERCICES.	TAXES pour LES TRAVAUX.	AUTRES RECETTES.	TOTAL.	OBSERVATIONS.
	francs.	francs.	francs.	
1869 [1].............	173,023	"	173,023	[1] Du 20 février 1869, date où la Junta a commencé à percevoir les taxes, jusqu'au 30 juin 1869.
1869-1870..........	627,929	"	627,929	
1870-1871 [2]........	594,293	"	594,293	[2] Fièvre jaune. Barcelone est en quarantaine.
1871-1872..........	861,620	"	861,620	
1872-1873..........	742,305	"	742,305	
1873-1874..........	745,154	"	745,154	
1874-1875..........	881,014	16,108 [3]	897,122	[3] Exploitation de la grue à vapeur...................... 1,285ᶠ Location de terrains et de magasins...................... 14,823
1875-1876..........	897,218	31,009	928,227	
1876-1877..........	1,315,177	29,459	1,344,636	
1877-1878..........	1,097,942	66,288 [4]	1,164,230	[4] Dont 20,000 francs environ proviennent de cautionnements d'entrepreneurs.
1878-1879..........	1,280,443	61,702	1,342,145	
1879-1880..........	1,228,729	27,018	1,255,747	
1880-1881..........	1,232,660	24,276	1,256,936	
TOTAUX.......	11,677,507	255,860	11,933,367	

EMPRUNTS.

Les emprunts ont été faits en obligations de la valeur nominale de 200 écus. L'écu vaut 2,5 pesetas; soit, à très peu près, 2 fr. 50 cent. Les obligations sont donc presque exactement de 500 francs.

EXERCICES.	DATES DES ÉMISSIONS.	NOMBRE D'OBLIGATIONS émises.	TAUX MOYEN D'ÉMISSION (en écus).	OBSERVATIONS.
Du 20 février 1869 au 30 juin 1870.....	"	1,000	202,00	Il n'a pas été fait d'émission après l'exercice 1873-1874.
	"	1,000	205,20	Les sept émissions de 1,000 obligations chacune ont produit :
	"	1,000	209,965	1° Au taux nominal...... 3,500,000ᴾ
1872-1873.........	9 septembre 1872.	1,000	212,000	2° Plus - value du taux d'émission 108,443
	13 janvier 1873...	1,000	208,850	
1873-1874.........	11 juillet 1873....	1,000	203,740	
	11 avril 1874.....	1,000	205,500	TOTAL... 3,608,443ᴾ

RECETTES TOTALES.

Recettes annuelles............................... 11,933,367 pesetas.

Emprunt...................................... 3,608,443

TOTAL.................... 15,541,810

DÉPENSES.

EXERCICES.	DÉPENSES générales des travaux (dragage excepté)[1].	DRAGAGE.	EXPRO-PRIATIONS.	SECRÉ-TARIAT[2].	DIVERSES[3].	OBLIGATIONS.		TOTAUX.
						INTÉRÊTS.	AMOR-TISSEMENT.	
	pesetas.	pesetas.	pesetas.	pesetas.	pesetas.	pesetas.	pesetas.	pesetas.
Du 1er juillet 1870 au 30 juin 1875.....	3,701,109	3,091,389	18,810	107,977	129,658	663,040	23,500	7,735,483
1875-1876........	264,764	32,871	"	20,312	3,411	243,635	25,000	589,993
1876-1877........	239,929	"	1,250	24,012	"	238,980	22,000	526,171
1877-1878........	258,338	"	"	25,815	119	241,115	25,000	550,387
1878-1879........	463,859	"	13,456	31,531	15,656[6]	236,670	91,500	852,672
1879-1880........	616,093	371,178[4]	225,390	28,274	1	233,975	724,500	2,199,411
1880-1881........	759,414	123,762[5]	1,029,046	29,520	1	176,522	495,500	2,613,765
TOTAUX.....	6,303,506	3,619,200	1,287,952	267,441	148,846	2,033,957	1,407,000	15,067,882

[1] Les dépenses générales des travaux comprennent les frais du personnel, la construction des jetées, des quais, etc., les frais de surveillance et d'entretien.
Les frais du personnel technique de surveillance et d'entretien sont estimés en moyenne à 127,000 pesetas par an, dont environ 46,000 pour les dragages, à raison de 70,000 mètres cubes. Ce cube représente, à peu près, un dépôt de 0ᵐ.10ᵉ d'épaisseur sur toute la surface de l'avant-port.
[2] Les dépenses du secrétariat comprennent le service des bateaux de sauvetage et du sémaphore de Monjuich.
[3] Les dépenses diverses comprennent les participations de la Junta à des travaux ne lui incombant pas en principe, par exemple à la construction des égouts; ils comprennent, en outre, les frais de contentieux, les recettes irrécouvrables, etc.
[4] Achat d'une drague.
[5] Idem.
[6] Subvention pour les égouts : 15,000 pesetas.
La Junta a pris la direction des travaux le 1er juillet 1870. Le classement des comptes a été fixé dans l'exercice 1874-1875.

SERVICES DIVERS DES PORTS.

PHARES.

Le service des phares est dans les attributions de l'État, qui l'assure gratuitement.

POLICE DU PORT.

Le décret du 17 décembre 1851 n'a remis au Ministère des travaux publics que l'administration, le curage et l'entretien des ports.

Nous avons dit que la police des quais appartenait en fait, aujourd'hui, à la Junta; mais la police des darses est toujours restée confiée, comme autrefois, à un capitaine de port, qui relève directement du Ministère de la marine. Le capitaine du port a conservé de l'état de choses antérieur au 17 décembre 1851, où les fonctionnaires maritimes avaient un rôle prépondérant, une grande autorité et une grande indépendance vis-à-vis des autres services.

Il semble que cette indépendance soit la source de quelques conflits.

PILOTAGE.

Le service du pilotage dépend aussi du Ministère de la marine.

REMORQUAGE, LESTAGE ET DÉLESTAGE.

Le remorquage et le lestage ou délestage sont abandonnés à l'industrie privée.

(Voir, pour plus de détails sur le pilotage, le remorquage et le lestage, les articles relatifs aux taxes.)

DIMENSIONS ET DISPOSITIONS DES DARSES ET DES QUAIS.

Le port de Barcelone était formé naguère, comme le sont encore beaucoup de ports de la Méditerranée, par une simple jetée enracinée au rivage, s'avançant vers le large et abritant un mouillage.

La jetée de Barcelone est orientée très sensiblement N. et S., de la terre vers la mer, de sorte que le mouillage était ouvert vers le sud; or c'est précisément du S. O. au S. E. que soufflent les vents de tempête.

Par suite, il fallait d'abord protéger le port, dont la surface était d'ailleurs insuffisante.

On commença donc, vers 1865, le prolongement de la digue du large, dite de l'Est, et, pour fermer le port, on enracina perpendiculairement au rivage une seconde jetée, dite de l'Ouest, dirigée vers le musoir de la première, en ménageant une passe de 280 mètres de largeur.

Le musoir de la jetée Est se trouve ainsi exposé à toute la violence des mers du sud; cependant son talus extérieur n'est défendu que par des blocs d'enrochements naturels de moyenne grosseur et, malgré cela, il a résisté aux tempêtes. (Voir le profil de la jetée, fig. 2, Pl. II.)

On en éprouve quelque étonnement quand on sait que, dans les jetées de nos ports de la Méditerranée, il est impossible de ne pas recourir à l'emploi d'énormes blocs artificiels.

La différence entre les deux systèmes de construction nous a été expliquée de la manière suivante par les ingénieurs.

Les tempêtes viennent bien de la région Sud, mais au sud de Barcelone se développe, comme un immense brise-lames naturel, le groupe des îles Baléares; il en résulte que l'étendue de mer libre devant le port, du côté des vents dangereux, se trouve très notablement réduite, ce qui empêche la formation de lames aussi violentes qu'à Port-Vendres ou à Cette, par exemple.

On ne saurait sans doute affirmer qu'on ne trouvera pas avantage à s'affranchir plus tard de la sujétion et des dépenses d'un apport continuel de blocs d'entretien pour recharger et maintenir le talus extérieur des jetées, mais il sera toujours possible de recourir alors aux blocs artificiels, et la dépense en paraîtra d'autant moins lourde que la prospérité du port, développée par les premiers travaux, permettra facilement d'y pourvoir.

En tout cas on aura réalisé ainsi plus d'économie et plus de rapidité dans l'exécution des ouvrages urgents et indispensables, qu'il fallait construire pour mettre le plus tôt possible le port en état de répondre aux besoins actuels.

D'ailleurs il sera peut-être nécessaire, plus tard, d'agrandir encore le port en prolongeant l'alignement droit N.-S. de la jetée Est, dont le musoir actuel sera ainsi protégé par ce prolongement; la défense en blocs du musoir, si elle avait été faite tout d'abord, sans nécessité absolue, représenterait alors une dépense en pure perte.

Ce sont là des questions qui peuvent attendre et dont il faut réserver la solution aux générations à venir. A chaque jour sa tâche.

Ces considérations paraissent parfaitement sages.

Les anciens ports de la Méditerranée n'étaient que des mouillages et beaucoup d'entre eux ne sont encore que cela.

Les navires ne pouvaient venir à quai, soit par suite du manque de profondeur, soit à cause du ressac le long des murs verticaux.

Ils mouillaient donc dans l'endroit le mieux abrité du port, souvent loin de la ville; toutes les cargaisons étaient transportées sur des allèges qui seules pouvaient accoster le rivage.

Telle était la situation de Barcelone en 1870.

Mais la nécessité d'un grand développement de quais accostables aux navires du plus fort tirant d'eau, de larges espaces pour le mouvement des marchandises, etc., s'imposait partout de plus en plus.

Il en est résulté un système nouveau d'utilisation des surfaces d'eau; l'étendue du mouillage n'était plus aussi utile et l'extension des terre-pleins était devenue indispensable.

Pour satisfaire aux conditions de ce nouveau programme la solution adoptée a été presque partout la même.

On a conquis sur la mer de vastes terrains au-devant du rivage et on a divisé le mouillage en un plus ou moins grand nombre de darses au moyen de traverses.

A Barcelone, le nouveau quai de rive, dit de la Muraille, a 100 mètres de largeur.

Ce quai est abrité par un épi intérieur, formant traverse de 50 mètres de largeur, et qu'on appelle quai de Barcelone.

Cet épi ne donnant pas encore dans la darse un calme suffisant, on a établi dans son prolongement une autre traverse, qui en est séparée par une passe de 60 mètres, et qu'on appelle le quai de la Capitainerie.

Telle était la distribution du port à l'automne de 1883.

A cette même époque, on travaillait à l'exécution de la traverse qui doit réunir le quai de la Capitainerie à la jetée Est, ou du large, et achever de dessiner ainsi le contour de la nouvelle darse du Commerce, en y assurant un calme aussi parfait que possible.

Comme projets d'avenir on a prévu deux nouvelles traverses dans cette darse.

Il serait sans intérêt de citer les autres dispositions qui sont encore à l'étude. (Voir Pl. I.)

Il semble qu'on a appliqué le mieux possible aux conditions spéciales du

4

mouillage de Barcelone les principes adoptés dans les ports les plus prospères de la Méditerranée..

Mais chaque fois qu'on augmente le calme des eaux, on favorise le dépôt des alluvions; ce résultat était d'autant plus à prévoir, à Barcelone, que le port est menacé par les ensablements.

En effet, à 5 kilomètres environ au N. E., se jette dans la mer un cours d'eau, torrentiel lorsqu'il est en crue, c'est le Rio Besos.

Les sables de l'embouchure marchent vers Barcelone; ils ont été partiellement arrêtés par la jetée et c'est sur l'ensablement ainsi formé que s'est développé le quartier populeux et industriel de Barcelonette.

Mais les sables, après avoir doublé le musoir de la jetée, sont repoussés par les vents de sud vers l'intérieur du port; ils avaient formé de cette façon, devant le mouillage, le haut-fond qu'on a fait complètement disparaître par des dragages, comme nous l'avons signalé.

On voit qu'on n'a pas hésité, à Barcelone, à recourir, pour dégager l'entrée du port, à des travaux de creusement dont l'efficacité est encore mise en doute dans d'autres pays, et nous avons déjà dit que le succès y avait été aussi complet que partout ailleurs, où on s'est décidé à entreprendre les dragages sur une grande échelle.

Cela ne suffisait pas; il fallait encore assurer le maintien des profondeurs obtenues; cette sujétion est inévitable presque partout et l'était en particulier à Barcelone.

La Junta a donc fait l'acquisition d'une drague puissante et des porteurs nécessaires pour la desservir.

CONSTRUCTION DES QUAIS.

Le système de construction des quais est le même que dans la plupart des ports modernes de la Méditerranée.

La partie sous-marine est formée par des blocs artificiels superposés, reposant sur une base d'enrochements.

Les ingénieurs de Barcelone ont l'intention d'apporter aux blocs une modification qui semble rationnelle.

Elle consiste à les évider en partie.

Un coup d'œil jeté sur les figures 6 et 7, Pl. II (quai de Catalogne), la fera mieux comprendre que toute description.

Il résulte des calculs des ingénieurs que l'économie sur la dépense en béton ou en maçonnerie est bien supérieure aux frais supplémentaires qu'entraîne la sujétion des cintres de l'évidement, frais insignifiants, paraît-il, pour un grand chantier; il en résulte encore que la stabilité du mur de quai reste plus que suffisante.

La distribution du terre-plein du quai de la Muraille est donnée par le profil transversal, fig. 1, Pl. II.

Dans la solution de questions de ce genre, les idées du moment, les convenances, les habitudes locales jouent un si grand rôle, qu'il est le plus souvent téméraire de vouloir en apprécier le mérite d'après certains principes ou certains aménagements adoptés ailleurs.

De plus, à l'époque où nous avons visité Barcelone, les hangars, les voies ferrées, les magasins n'existaient pour ainsi dire pas encore et les quais n'étaient pas exploités.

C'est donc avec une extrème réserve que nous soumettons les remarques suivantes :

1° La largeur de $12^m,50$, adoptée pour les hangars, et celle de $14^m,50$, pour leur soubassement, paraît petite.

2° Le nombre des voies ferrées paraît insuffisant, et la largeur des voies charretières est peut-être excessive; les ingénieurs le pensent aussi, mais on pourra plus tard augmenter le nombre des premières en réduisant la largeur des secondes.

3° Les magasins occupent une surface de terre-plein qu'on regrettera peut-être un jour d'avoir enlevée au dépôt des cargaisons sur le quai, dépôt qui exige une place d'autant plus grande que les opérations d'embarquement et de débarquement sont plus rapides.

Toutefois les magasins ne seront construits qu'au fur et à mesure des besoins constatés, et dans la limite où leur présence ne sera pas reconnue gênante à d'autres points de vue.

Malgré ces observations on n'en doit pas moins reconnaître que le quai de la Muraille a été aménagé avec l'entente la plus complète des besoins actuels du commerce; on y trouve en effet :

Des grues le long des quais ;

4.

Des hangars pour la reconnaissance et le dépôt temporaire des marchandises (leurs quais sont à la hauteur des plates-formes des wagons) ;

Des voies ferrées pour le transit ;

Des magasins pour les dépôts de quelque durée.

La distribution de la traverse, dite quai de Barcelone, est donnée par le profil transversal, fig. 8, Pl. II.

Les hangars ont plus de largeur qu'au quai de la Muraille, soit 15 mètres entre poteaux et 18 mètres au soubassement.

Il sera facile d'y augmenter le nombre des voies ferrées.

VOIES FERRÉES DES QUAIS.

La planche I donne la disposition d'ensemble des voies ferrées des quais.

Les chemins de fer aboutissant à Barcelone sont au nombre de sept, mais il n'y en a que trois ayant une importance sérieuse. Le premier au nord, vers la France ; le second à l'ouest, vers Madrid ; le troisième au sud, vers le midi de l'Espagne. — Les chemins de fer de France et de Madrid aboutissent à Barcelone dans une gare située au nord du port. — Le chemin du Midi aboutit dans une autre gare, au sud du port.

Les voies du quai de la Muraille pourront être desservies par ces deux gares ; elles sont parfaitement établies.

La disposition des voies du côté de Barcelonette paraît moins heureuse, les wagons n'arriveront à quai que par des manœuvres sur plaques tournantes.

Les traverses ne seront également accessibles que par plaques tournantes ; c'est la conséquence forcée de la direction de ces ouvrages qui est normale au quai de la Muraille.

Il est probable qu'à Barcelone, comme partout ailleurs, on regrettera de ne pas pouvoir conduire directement des trains de wagons entiers sur les traverses à l'aide de locomotives circulant sur des courbes de rayon convenable.

Il eût semblé prudent de donner beaucoup plus de largeur aux entrevoies, car il s'agit surtout ici de voies de manœuvre sur un quai où la circulation publique sera très active.

MACHINERIE HYDRAULIQUE.

L'outillage du quai de la Muraille et de la traverse de Barcelone en grues hydrauliques est incontestablement un des plus complets et des plus remarquables que nous ayons vus dans aucun autre port.

Il ne peut être comparé qu'à celui des quais de Hambourg, et il lui est supérieur par ce fait qu'à Barcelone les grues sont hydrauliques, tandis qu'à Hambourg elles sont à vapeur.

Sur un développement de quais de 1,100 mètres environ, on ne compte pas moins de trente et une grues, soit une grue par 35 mètres, à peu près, de longueur de quai.

La disposition des hangars et des intervalles ménagés entre eux déterminait l'emplacement d'un certain nombre de grues fixes; mais toutes les autres grues sont mobiles, condition essentielle pour leur bonne utilisation.

La planche III donne la distribution des grues, leur puissance, leur flèche, leur hauteur, et indique si elles sont fixes ou mobiles.

Le plus grand nombre sont de 1,5 tonne, force suffisante et convenable; elles ont 7^m,60 de flèche (de l'axe du pivot à l'aplomb du crochet de la chaîne mobile); leur hauteur est de 12^m,80 (course de la chaîne).

Quelques grues fixes sont de 3 tonnes; il en existe une de 12 et une autre de 25 tonnes.

Les machines à vapeur des pompes de compression sont de la force de 150 chevaux.

L'installation de tout l'outillage hydraulique existant en 1883 a coûté, savoir :

Fondation des machines, des chaudières, de l'accumulateur, des grues et leur installation..................... 87,240 pesetas.
Bâtiment des machines........................... 92,620
Machines et grues, y compris la tuyauterie............. 621,840

TOTAL.................... 801,700

Le règlement et le tarif pour l'usage des grues hydrauliques ne sont pas encore arrêtés; mais on trouvera sans doute intéressant de savoir dans quel esprit la Junta poursuit l'étude de cette question.

Les ingénieurs font remarquer que tous les frais des travaux et d'aménagement du port ayant été supportés par le commerce de Barcelone, sans aucune subvention de l'État, il est équitable d'en faire jouir le commerce au moindre prix possible; mais la perception ne peut évidemment être inférieure aux dépenses de surveillance, de fonctionnement, d'entretien, de renouvellement, d'amortissement, etc.

Deux solutions sont en présence : ou continuer à percevoir sur la marchandise en général un impôt, comme celui qui existe actuellement pour les travaux du port, mais infiniment plus faible naturellement, et, alors, rendre l'usage des grues absolument gratuit ; ou percevoir une taxe d'usage.

Le premier système, imité de ce qui se pratique à Hambourg, aurait l'avantage de vulgariser immédiatement l'emploi des grues, au grand profit de la rapidité et de l'économie des opérations commerciales ; mais on craint que, eu égard aux habitudes de la petite navigation de cabotage qui fait tous ses travaux à bras d'hommes, ce système ne soit par trop inéquitable et ne soulève des récriminations.

Il est probable qu'on appliquera une taxe d'usage, dont le commerce a déjà pris l'habitude dans l'emploi des grues à vapeur établies autrefois par le Gouvernement, et dont la réglementation ainsi que le tarif ne donnent pas lieu à réclamations.

Par un privilège exceptionnel, le port de Barcelone ne connaît par les difficultés, si sérieuses presque partout, que soulèvent les prétentions des corporations de portefaix ; aussi espère-t-on que l'usage des engins hydrauliques se vulgarisera rapidement.

HANGARS ET ABRIS.

Les hangars pour la reconnaissance des marchandises n'étant pas encore achevés, il est impossible d'apprécier les avantages et les inconvénients qu'ils pourront offrir au point de vue pratique et nous nous en référons aux observations déjà présentées à ce sujet, à propos de la distribution du terre-plein des quais.

MAGASINS.

Il paraît que, jusqu'à une époque assez récente, il n'existait à Barcelone que des magasins particuliers.

Vers 1870, il se forma une société de magasins généraux, qui fut reconstituée le 31 octobre 1881 et dont les statuts ont été revisés le 10 mars 1883.

Les magasins, dont la construction paraît bien entendue, sont établis sur le rivage de la mer, entre le chemin de fer de France, d'un côté, et une large voie charretière, de l'autre ; ils sont donc bien desservis au point de vue des communications par terre.

Par contre, ils sont inaccessibles aux navires et semblent trop éloignés du port et du centre des affaires.

Le petit nombre de salles qu'on nous a fait visiter étaient convenablement garnies de marchandises diverses.

L'objet de la société est clairement défini par les premiers articles de ses statuts :

ARTICLE PREMIER. La société est commerciale et anonyme; elle s'appelle : « Crédit et docks de Barcelone. »

ART. 3. Ses opérations peuvent être les suivantes :

1° Établissement de magasins généraux ;

2° Prêts sur dépôts et sur warrants jusqu'à 65 p. o/o de la valeur ;

3° Établissement de salles de ventes publiques ou particulières ;

4° Opérations et dépôts en douane ; .

5° Ouverture de comptes courants ;

6° Escompte de valeurs ;

7° Avances sur connaissements ;

8° Participation aux opérations commerciales et maritimes ;

9° Concours à l'organisation de services pour la construction et la réparation de navires, pour le chargement et le déchargement des cargaisons, pour le transport et le dépôt des marchandises, etc.;

10° Exploitation de toute autre entreprise commerciale, financière ou industrielle, à la convenance de la société.

ART. 4. Durée de la société : cinquante années à partir du 31 octobre 1881.

ART. 5. Capital : 20 millions de pesetas.

MAGASINS GÉNÉRAUX DE LA JUNTA.

Nous avons déjà mentionné les magasins projetés sur le quai de la Muraille et qui seront au nombre de trois.

Dans la pensée de la Junta ces grandes constructions comprendront, outre des magasins généraux, tous les bureaux et locaux affectés à des services publics du port, tels que la douane, l'administration de la Junta, la police, etc.

On y ménagera aussi des magasins spéciaux pour les grandes compagnies de navigation, des salles pour les transactions commerciales et les ventes publiques ou particulières.

Les magasins généraux délivreront des warrants.

Mais, en sus de ces magasins généraux, la Junta doit établir des magasins de dépôt à l'extrémité nord du port.

Le projet en a été déjà approuvé par l'administration supérieure ; la dépense est estimée à 4,000,000 de pesetas.

Ces magasins sont surtout destinés aux marchandises de transit qui n'ont pas à être reconnues par la douane.

TAXES.

CONSIDÉRATIONS GÉNÉRALES.

IMPÔTS SUR LA NAVIGATION.

Aujourd'hui les navires fréquentant les ports de l'Espagne ne payent aucun droit basé sur leur tonnage, contrairement à ce qui se pratique partout ailleurs.

Toutes les taxes portent sur la marchandise ou les voyageurs ; les plus importantes, de beaucoup, sont, à Barcelone, celles qui frappent le déchargement des marchandises ; elles représentent à elles seules la presque totalité des sommes à payer par les navires.

Cette particularité exceptionnelle distingue les ports de la Péninsule de tous les autres ports de l'Europe.

Elle ne date d'ailleurs que d'une époque assez récente.

La première réforme des droits de navigation a été réalisée par le décret du 17 décembre 1851, qui porte :

ART. 4. Les taxes établies actuellement dans les ports *et à leur profit*, sous quelque dénomination et pour quelque objet que ce soit, sont réduites à deux, savoir : la taxe d'ancrage et la taxe de chargement et de déchargement.

ART. 5. La taxe de chargement et de déchargement sera basée sur la quantité de marchandises embarquée ou débarquée.

ART. 7. Le produit des taxes de port sera exclusivement appliqué à l'entretien et à l'amélioration des ports ; il sera affecté au budget du Ministère des travaux publics.

ART. 9. A la demande des chambres de commerce, et sur l'avis des députations provinciales, le Gouvernement pourra autoriser des impôts spéciaux dans certains ports, pour les travaux de ces ports.

Ce décret ne fut rendu qu'après avoir été soumis à l'examen des députations provinciales et des chambres de commerce intéressées, dont la grande majorité en adopta le principe.

Quelques-unes firent observer cependant que la taxe de chargement et de déchargement, basée uniquement sur le poids des cargaisons, ne paraissait pas équitable et qu'il semblerait juste de tenir compte de la valeur de la marchandise; deux d'entre elles demandèrent même que la houille fût exemptée de tout droit.

Il faut bien remarquer que les taxes dont il s'agit dans ce décret sont seulement celles qui étaient prélevées dans les ports et au profit de ces ports, car il en existait encore d'autres, perçues également sur la navigation, mais au profit du Gouvernement; tels étaient les droits de phare, les droits sanitaires; ceux-ci étaient maintenus.

Cette législation resta en vigueur jusqu'au 22 novembre 1868.

À cette époque fut promulgué un décret du Gouvernement provisoire réduisant à *un seul* tous les impôts perçus dans les ports.

Les considérants de ce décret sont à citer.

« Le commerce, y est-il dit, se plaint avec raison de la multiplicité des impôts et de la complication de leur mode de perception; pour lui donner satisfaction on a cru devoir aller de suite jusqu'à la limite du possible; d'une part, dans la simplification de l'impôt, en le réduisant à un seul; d'autre part, dans son mode de perception, en le faisant porter sur une seule opération — le déchargement.

« Le déchargement, en effet, marque le moment où l'industrie du transport maritime a rempli ses engagements et réalise le prix de ses services; c'est donc à ce moment qu'il est rationnel de lui demander l'impôt.

« Et comme, dans tous les cas, le déchargement doit être opéré sous la surveillance d'une autorité publique, il convient que le commerce n'ait affaire qu'à cette seule autorité, pour éviter les pertes de temps et les froissements possibles dans de nombreux contacts avec plusieurs administrations différentes. »

En conséquence :

ART. 6. Tous les impôts, de quelque nature qu'ils soient, incombant aujourd'hui aux navires, sont réduits à un impôt unique.

5

Cet impôt unique s'appellera : « Droit de déchargement » ; il sera payé par tonne de poids de 1,000 kilogrammes de marchandises débarquées.

Il sera perçu à raison de 10 réaux (2 p. 50 ou 2 fr. 50) par tonne pour la navigation au long cours et à raison de 3 réaux (0 fr. 75) pour le cabotage.

Les petits caboteurs de moins de 20 tonneaux ne payeront que la moitié de ce dernier droit.

ART. 7. Le transport des voyageurs sera soumis à un impôt spécial qui sera de 2 réaux (0 fr. 50) par voyageur débarquant, pour la navigation de cabotage, et de 5 réaux (1 fr. 25) pour le long cours.

ART. 8. Les navires à vapeur ne faisant que des voyages réguliers, par escales, pourront contracter des abonnements, tant pour les taxes de déchargement que pour celles des voyageurs.

ART. 9. Quand un navire, obligé d'entrer au port par suite d'avarie ou de cas de force majeure, y transborde ou débarque momentanément sa cargaison pour la reprendre ensuite, il ne payera pas l'impôt, qui est exigible seulement sur les marchandises introduites dans le pays.

ART. 10. Sont supprimés les droits dits de mouillage, de phares, de santé, de chargement et déchargement; les droits spéciaux perçus dans certains ports sous les noms de : Château de Saint-Antoine, de Confrérie de Saint-Elme, etc., et tous autres droits imposés aujourd'hui dans les ports sur les navires à leur entrée, pendant leur stationnement ou à leur sortie.

Sont maintenus les droits spéciaux de quarantaine et de lazaret.

Le prix des services particuliers prêtés aux navires, services librement demandés et librement rendus, sera débattu entre les intéressés.

Le pilotage est soumis aux règles prescrites par le Ministère de la marine.

ART. 12. La totalité des impôts spéciaux que des lois ont concédés à certains ports pour les travaux de ces ports sera convertie en un quantum à déterminer du nouvel impôt de déchargement [1].

---

[1] Ce même décret du 22 novembre 1868 contient, en outre, d'autres dispositions relatives à la navigation; nous croyons intéressant de citer celle qui se rapporte à la composition des équipages.

ART. 5. Les navires pourront composer leur équipage du nombre d'hommes que l'armateur et le capitaine jugeront convenable, en se conformant à l'article 24, titre X, des ordonnances en vigueur de la marine et aux articles 1 et 2 du décret royal du 27 novembre 1867.

Mais si dans un port étranger le capitaine ou l'armateur ne trouve pas un nombre suffisant de marins nationaux, il pourra compléter son équipage au moyen d'étrangers, avec le consentement du consul ou des autorités maritimes.

On voit qu'il était impossible, comme le disent les considérants, d'aller plus loin dans la voie de la simplification des droits de port, que ne l'a fait ce décret.

Malheureusement, il n'est pas dans la nature des tarifs d'être simples pour être équitables et pratiques.

Aussi, dès le 1er juin 1869, un nouveau décret apportait quelques modifications au premier, en vue de favoriser la navigation entre l'Espagne et les ports européens ou les ports les plus voisins.

Ce second décret porte :

ARTICLE PREMIER. Pour la perception du droit de déchargement, on distinguera trois classes de navigation (il n'y en avait que deux dans le décret de 1868).

La première classe comprendra la navigation de cabotage proprement dit, c'est-à-dire celle qui se fait de port à port espagnol de la Péninsule, des îles Baléares, des îles Canaries et des Présides d'Afrique.

La seconde comprendra la navigation entre ces mêmes ports, d'une part, et, d'autre part, ceux de tous les pays d'Europe, ceux de la Méditerranée hors d'Europe, enfin ceux de l'Atlantique sur la côte d'Afrique jusqu'au cap Mogador.

La troisième classe comprendra la navigation entre les ports espagnols et tous les ports étrangers non compris dans la seconde classe.

ART. 2. Pour la seconde classe (créée par ce décret), le droit de déchargement sera de 5 réaux (1 fr. 25) par tonne déchargée et de 3 réaux (0 fr. 75) par voyageur débarqué.

La première et la troisième classe payent respectivement le droit prescrit pour le cabotage et le long cours par le décret du 22 novembre 1868.

D'après les renseignements qui nous ont été donnés, à Barcelone, la navigation entre l'Espagne et les Antilles est taxée comme cabotage.

Cette première modification ne fut pas encore jugée suffisante dans certains ports qui sont presque exclusivement des ports d'exportation, comme Bilbao et Santander pour le minerai de fer ; on y établit des droits de chargement en faveur des juntas de ces ports.

Il existe aussi à Barcelone des droits de chargement sur les marchandises et d'embarquement sur les passagers ; mais ils sont perçus au profit de l'État.

Enfin on reconnut qu'il était équitable de dégrever les matières premières utiles à l'industrie, ayant peu de valeur sous un grand poids, comme la houille. Tel a été un des objets de la loi, toute récente, du 23 juillet 1883.

Son article 5 porte :

L'impôt de chargement et de déchargement pour les charbons et le coke est fixé à 0 p. 25 par 1,000 kilogrammes, dans le cas de navigation avec l'étranger; il est fixé à 0 p. 10 pour les charbons, le coke et le minerai de fer dans le cas de navigation au cabotage.

Art. 8. Les droits concédés aux juntas des ports seront revisés en conséquence.

Il serait sans intérêt d'entrer dans plus de détails sur les altérations que la pratique a fait nécessairement subir à l'application de la théorie de l'impôt unique, mais il convient d'insister sur ce point, que le principe en a été conservé et que les taxes imposées en Espagne à la navigation portent entièrement sur le poids de la marchandise transportée et nullement sur le tonnage du navire transporteur.

C'est exactement le contraire de ce qui a lieu dans la plupart des ports de l'Europe, où le navire paye tout et la marchandise rien.

Il n'y a qu'en Angleterre qu'une partie, toujours faible, des droits de navigation soit perçue sur la marchandise, le reste, beaucoup plus considérable, incombe au navire.

En Espagne, la marchandise paye tout et le navire rien.

Si l'on devait juger uniquement la valeur de ce système d'après les résultats remarquablement satisfaisants qu'il a permis d'obtenir à Barcelone et dans d'autres ports d'Espagne, il faudrait en conclure qu'il y est justifié par le succès d'une pratique longue et variée.

Si, d'un autre côté, on remarque que l'application du même principe, faite d'une façon plus restreinte, est reconnue convenable dans la plupart des ports de l'Angleterre, on est amené à se demander s'il ne pourrait pas se présenter dans quelque port de France telle circonstance qui permettrait de recourir avec avantage à une expérience analogue.

DROITS FIXES.

DROITS DE PHARES.

Ces droits n'existent plus en Espagne.

DROITS DE PILOTAGE.

Le pilotage est obligatoire pour les navires de plus de 80 tonneaux et pour tous les navires, quel que soit leur tonnage, s'ils ont touché dans quelque port étranger.

Il existe à Barcelone un corps dit d'amarreurs et de pilotes, composé de 17 pilotes et de 6 amarreurs, nommés par le Ministère de la marine et sous les ordres immédiats du commandant de la marine à Barcelone. Il n'y a pas de règlement pour ce corps; les us et coutumes font loi.

Les pilotes sont alternativement de service par groupes de trois, le nombre des hommes de garde est augmenté en cas de besoin.

Le pilote vient à bord quand le navire demande l'entrée.

L'amarreur, après avoir pris les ordres du capitaine du port, monte dans un canot d'où il indique au pilote le mouillage assigné; il surveille l'amarrage du navire à son poste.

L'amarreur dirige aussi les mouvements que le navire exécute dans le port.

La taxe de pilotage est la même quelle que soit la grandeur du navire, un tarif officiel l'a fixée :

Pendant le jour, à.. 20 pesetas.
Pendant la nuit, à.. 40

Elle ne peut être augmentée, même en cas de péril.

Tout déplacement dans le port se paye :

Pour les navires...
de 20 à 50 tonneaux................. 2ᵖ 50ᶜ
de 51 à 100....................... 5 00
de 101 à 200...................... 7 50
de 201 à 400...................... 10 00
de 401 tonneaux et au-dessus........... 12 50

ESPAGNE.

DROITS DE PORT.

Ces droits sont perçus, comme on le sait, non sur le tonnage des navires mais sur la cargaison et les passagers.

Ils sont encaissés par le Gouvernement espagnol et rentrent dans les recettes générales du budget.

Les tarifs sont les suivants, à Barcelone :

MARCHANDISES. — DROITS DE DÉCHARGEMENT.

Par tonne de 1,000 kilogrammes de toute espèce de marchandises, à l'exception de la houille.

Importations.	d'Europe..............................	1ᴾ 25ᶜ
	de l'Amérique étrangère..................	2 50
	des Antilles et des Philippines (comme pour le cabotage)...........................	0 75
	par cabotage...........................	0 75
Houille	importée par cabotage...................	0 10
	importée par autre navigation..............	0 25

PASSAGERS. — DROITS DE DÉBARQUEMENT PAR PASSAGER.

Venant......	d'au delà des mers (le tarif ne porte pas d'autre indication que *de ultramar*)...............	1ᴾ 25ᶜ
	de l'étranger...........................	0 75
	par cabotage...........................	0 50

MARCHANDISES. — DROITS DE CHARGEMENT.
(Par tonne de 1,000 kilogrammes.)

Allant......	à l'étranger............................	1ᴾ 00ᶜ
	à l'Amérique étrangère..................	2 00
	à l'Amérique espagnole..................	0 50
	par cabotage...........................	0 50

PASSAGERS. — DROITS D'EMBARQUEMENT PAR PASSAGER.

Allant......	à l'étranger............................	1ᴾ 00ᶜ
	à l'Amérique étrangère...................	2 00
	à l'Amérique espagnole..................	0 50
	par cabotage...........................	0 50

Il paraît y avoir, en outre, certains droits fiscaux sur le prix du passage des voyageurs (15 p. o/o) et sur le montant du fret des marchandises (3 p. o/o); mais nous n'avons pu nous renseigner exactement au sujet de ces deux points.

Comme nous l'avons dit, tous les droits qui précèdent sont perçus pour le compte du Trésor public; mais, de plus, on paye à Barcelone, pour les travaux du port, une taxe locale et spéciale, dont le montant est encaissé par la Junta.

Cette taxe est fixée en principe à 80 p. o/o du droit de déchargement des marchandises; en fait, le tarif ne paraît comporter que les deux articles suivants :

TAXE LOCALE ET SPÉCIALE POUR LES TRAVAUX DU PORT DE BARCELONE.

(Par tonne de 1,000 kilogrammes de marchandises déchargées.)

En provenance { de l'étranger et de l'Amérique.............. 2ᴾ 00ᶜ
{ du cabotage, des Antilles et des Philippines... 0 60

DROITS DE SÉJOUR OU DE STATIONNEMENT DANS LE PORT.

Les navires qui restent au mouillage dans le port, c'est-à-dire qui ne sont pas à quai, peuvent y demeurer aussi longtemps qu'ils le veulent sans avoir de droit supplémentaire de stationnement à payer.

Mais les navires venant à quai ne peuvent y séjourner que dans des limites de temps et dans des conditions déterminées. (Voir le règlement pour le service des quais, Annexe n° 2.)

DROITS D'USAGE.

———

REMORQUAGE.

Le remorquage est fait par l'industrie privée.

Il existe à Barcelone une société particulière propriétaire de trois petits navires à vapeur (Monseny nᵒˢ 1, 2 et 3) principalement affectés à ce service.

Son tarif, approuvé par ordonnance royale du 7 avril 1865, est le suivant :

TONNAGE DES NAVIRES.	REMORQUAGE		
	JUSQU'À 1 MILLE.	DE 1 À 2 MILLES.	DE 2 À 3 MILLES.
	pesetas.	pesetas.	pesetas.
De 1 à 100 tonneaux	50	70	90
De 101 à 200.................	60	80	110
De 201 à 300.................	70	90	130
De 301 à 400.................	90	110	150
De 401 à 500.................	100	120	175
De 501 à 600.................	125	150	200

Si le remorqueur est pris à l'heure, on paye, quel que soit le tonnage du navire :

> Pour la première heure, à partir du moment où le remorqueur
> est à la disposition du navire..................... 250 pesetas.
> Pour toute heure en plus............................ 150

Tous les prix précédents supposent que le remorquage se fera dans des conditions normales, c'est-à-dire ne présentant pas, au jugement du capitaine de port, des chances d'avaries ou des risques évidents; dans le cas contraire, les prix sont débattus de gré à gré.

Il existe, en sus des remorqueurs, un certain nombre de chaloupes à vapeur, appartenant à des particuliers, qui sont employées à remorquer les allèges entre les navires mouillés au milieu du port, et les quais de la ville.

Ce service, non tarifé, est fait à prix débattu dans chaque cas.

LESTAGE ET DÉLESTAGE.

Le lestage et le délestage sont faits par l'industrie privée.

Ces opérations sont soumises à un certain nombre de prescriptions inscrites dans les règlements du port, mais qui n'offrent pas d'intérêt particulier.

En cas de contestation avec les lesteurs ou délesteurs, les capitaines des navires peuvent recourir au capitaine de port qui tranche le différend.

Le prix moyen de la tonne de 1,000 kilogrammes de lest mis à bord est d'environ 2 pesetas.

APPAREILS DE RADOUB.

L'industrie des constructions navales est encore à peu près nulle à Barcelone.

Il n'y existe actuellement qu'une seule cale de halage, ne pouvant recevoir que des navires de 1,000 tonneaux au plus.

Les grands navires sont obligés d'aller se faire réparer à Marseille.

La Junta se préoccupe de remédier à cette situation; elle étudie le projet de trois bassins de radoub à construire dans une partie tranquille et facilement accessible du port.

L'établissement de la cale de halage est une entreprise particulière, le tarif d'usage en a été fixé par le Gouvernement.

Le règlement n'offre que peu de dispositions méritant d'être signalées, nous nous bornerons à en donner une courte analyse.

Le tonnage des navires est calculé, conformément à l'ordonnance royale du 6 mai 1859, d'après la formule suivante, dont se servent les constructeurs anglais et à laquelle ils ont donné le nom de tonnage de construction (Builders tonnage).

$$T = \frac{(E - \frac{3}{5}M)M \times \frac{M}{2}}{94}$$

E est (à très peu près) la plus grande longueur du navire mesurée sur le pont; M, la plus grande largeur extérieure du navire au maître couple. Ces deux dimensions sont exprimées en pieds anglais.

ARTICLE PREMIER. L'entreprise ne prend à sa charge aucune manœuvre à bord, elle se borne à louer sa cale.

ART. 2. Tarif, par tonneau.

Navires à vapeur.	Entrée (halage)........................	1ᵖ 00ᶜ
	Par jour de séjour sur la cale...........	0 50
	Sortie (descente).....................	0 50
Navires à voiles.	Entrée............................	0 75
	Par jour de séjour sur la cale...........	0 375
	Sortie............................	0 375

Les navires qui sortent le lendemain de leur entrée payent, pour la sortie, le même droit que pour l'entrée.

Les dimanches et jours de fêtes reconnues ainsi que les jours de tempêtes, où on ne travaille pas, ne sont pas taxés.

Quel que soit le tonnage du navire, il paye pour 200 tonneaux au minimum.

Les navires à formes cubiques, comme les dragues, par exemple, payent d'après leur volume, à raison de un tonneau par mètre cube.

L'entreprise ne fournit gratuitement que les épontilles et les coins nécessaires pour assurer la stabilité du navire sur la cale.

ART. 6. Tout armement ou chargement laissé à bord, et non utile pour assurer la stabilité de flottaison du navire, est taxé à raison de un tonneau par 1,000 kilogrammes.

Les cas d'urgence pouvant motiver un tour de préférence en faveur d'un navire sont décidés par le capitaine de port.

IMPRIMERIE NATIONALE.

Le prix de la journée d'un manœuvre ordinaire travaillant sur le port est d'environ 2 pes. 25 cent. à 2 pes. 50 cent.

Actuellement les opérations d'embarquement ou de débarquement se font presque toujours de la manière suivante :

Les navires stationnent dans le centre de la partie nord du port; ils sont disposés en files espacées et mouillés sur quatre amarres.

Des allèges viennent prendre sous palan la marchandise à débarquer, la conduisent à quai et l'y débarquent. Des charrettes reprennent la marchandise sur le quai et la transportent au magasin du destinataire.

Pour les marchandises à embarquer les mêmes opérations se font en sens inverse.

Il ne nous a pas été possible d'obtenir de renseignements concordants sur le prix des allèges et des charrettes.

C'est donc sous toute réserve que nous indiquons comme prix de la tonne débarquée par allège un chiffre pouvant varier de 0 fr. 80 cent. à 1 fr. 60 cent., et comme prix d'une charrette à un cheval capable de porter à peu près une tonne, celui de 5 francs environ par jour.

On ne rencontre pas à Barcelone les difficultés, si fréquentes ailleurs, provenant des corporations de portefaix ou de charretiers; on nous a même dit qu'il n'y existait pas de corporations de ce genre.

Ce fait est d'autant plus remarquable que, jusqu'au décret royal du 15 juin 1864, le chargement et le déchargement n'étaient pas libres et qu'aujourd'hui encore la manœuvre des embarcations dans les ports est réservée aux marins immatriculés.

Ce décret porte en substance :

ARTICLE PREMIER. Les opérations de chargement et de déchargement des navires seront libres à l'avenir; le commerce pourra y employer à sa convenance des gens de mer ou des gens de terre; toutefois la manœuvre des embarcations affectées à ces opérations demeure attribuée aux marins immatriculés.

ART. 3. En conséquence sont annulés les tarifs en vigueur, pour ce qui concerne la partie du travail déclarée libre, et dont le prix sera par suite fixé d'un commun accord par les intéressés.

C'est cette absence de toute entrave probable de la part de corporations ouvrières puissantes qui fait espérer à la Junta de voir bientôt l'usage de l'outillage hydraulique des quais entrer dans les habitudes du commerce.

MAGASINAGE.

Nous ne connaissons pas d'autre tarif de magasinage que celui de la société dite : « Crédit et Docks de Barcelone ».

Les exemples suivants donneront une idée des prix de ce tarif, en pesetas, par 1,000 kilogrammes et par mois.

(La peseta vaut presque exactement un franc.)

MARCHANDISES.	MAGASINAGE		MOUVEMENTS.				
	sans ASSURANCE.	avec ASSURANCE.	ENTRER et empiler.	DÉSEMPILER et livrer.	PESER ou mesurer.	CHARGER les charrettes	
						hors de l'établissement.	dans l'établissement.
	pes. c.	pes. c.	pes. c.	pes. c.	pes. c.	pes. c.	pes. c.
Huile d'olive	1 75	2 25	0 40	0 30	0 25	0 40	0 35
Coton d'Amérique........	1 25	1 75	0 90	0 46	0 35	0 45	0 45
Blé (en grenier)	0 70	0 90	0 80	0 80	0 40	0 60	0 20
Café..................	2 00	2 60	0 80	0 60	0 35	0 45	0 40
Sucres (petits barils)	1 00	1 30	0 70	0 40	0 40	0 40	0 30
Fer (en barres)	1 25	//	0 50	0 25	0 25	0 40	0 25
Houille (à l'air libre)	0 20	0 25	0 50	0 25	0 10	0 25	0 25
Vins.................	1 00	1 20	0 60	0 35	0 20	0 25	0 20

GRUES.

Les seules grues actuellement en service sont celles qui furent établies autrefois par le Gouvernement.

Il y a des grues à bras et des grues à vapeur; elles sont toutes à la disposition du public.

Celui qui s'en sert ne paye rien pour l'intérêt et l'amortissement du capital de premier établissement ni pour l'entretien, mais il supporte entièrement les frais de manœuvre et, naturellement aussi, les frais des avaries qu'il a pu occasionner.

La surveillance pendant les manœuvres est exercée par des gardes-grues.

Pour les grues à vapeur, la Junta fournit le charbon à raison de 1 pes. 50 cent. par heure et le mécanicien à raison de 0 pes. 75 cent. par heure de travail de la grue.

6.

EXPLOITATION DES QUAIS.

Le service, la police et la conservation des quais font l'objet d'un règlement dont nous annexons une analyse assez complète. (Annexe n° 2.) Toutes
les mesures sont prises pour empêcher l'encombrement des terre-pleins par
un trop long stationnement des marchandises.

RENSEIGNEMENTS STATISTIQUES.

Les données statistiques sont recueillies par diverses administrations qui
envisagent le mouvement du port à leur point de vue particulier.

Ces renseignements ne sont pas centralisés; aussi la comparaison des divers
documents fait-elle ressortir quelques divergences, inévitables en pareil cas.

Les cadres des tableaux statistiques ne sont pas non plus les mêmes.

Toutefois, en rapprochant les unes des autres les indications d'origines différentes, on peut se faire une idée assez exacte du mouvement du port de
Barcelone.

Nous reproduisons d'ailleurs le petit nombre d'états dont il nous a été donné
ou dont on nous a permis de prendre copie.

MOUVEMENT DE LA NAVIGATION.

SORTIE DES NAVIRES.

La sortie est relevée par le service de la santé qui vise la patente des navires ou leur en délivre une, au moment où ils quittent le port.

SORTIES EN 1881.

STATISTIQUE DU SERVICE SANITAIRE.

PAVILLONS.		VAPEURS.	VOILIERS.	TOTAL.	TONNAGE TOTAL.	PASSAGERS.
		Nombre.	Nombre.	Nombre.	tonneaux.	Nombre.
ESPAGNOL.						
Côtiers {	de moins de 3o tonneaux....	"	1,698	1,698	38,849	106
	de plus de 3o tonneaux.....	464	974	1,438	304,769	16,214
Venus {	d'Amérique..............	37	231	268	128,361	2,300
	de l'étranger............	397	112	5o9	249,074	3,438
Totaux du pavillon espagnol.....		898	3,015	3,913	721,053	22,058
ÉTRANGERS.						
Anglais.........................		273	21	294	213,713	215
Français........................		181	49	230	168,160	12,624
Italien.........................		22	204	226	73,428	6,237
Norvégien.......................		26	49	75	30,400	16
Allemand........................		42	6	48	35,914	22
Suédois.........................		15	15	3o	14,705	3
Russe...........................		2	25	27	13,492	3
Danois..........................		5	17	22	7,455	"
Grec............................		"	16	16	4,929	"
Autrichien......................		"	10	10	3,576	6
Américain.......................		"	4	4	4,291	9
Belge...........................		3	"	3	2,730	"
Hollandais......................		2	1	3	2,260	4
De Libéria......................		"	1	1	682	"
Mexicain........................		"	1	1	252	"
Portugais.......................		"	1	1	125	"
Totaux des pavillons étrangers ...		571	420	991	576,112	19,139
Total général.........		1,469	3,435	4,904	1,297,165	41,197
Il est sorti en outre 48 navires de guerre dont :						
Espagnols.......................		8	"	8	"	"
Étrangers.......................		39	1	4o	"	"

Le mouvement du pavillon français indiqué dans l'état précédent diffère de celui qu'a relevé le consulat général de France à Barcelone, en 1881.

Voici la comparaison des chiffres à la sortie :

STATISTIQUE.	VAPEURS.	VOILIERS.	TOTAL.	TONNAGE TOTAL.
	Nombre.	Nombre.	Nombre.	tonneaux.
Du service sanitaire....................	181	49	230	168,160
Du consulat général de France............	169	52	221	156,476
DIFFÉRENCES.............	+ 12	— 3	+ 9	+ 1,684

La statistique du consulat général donne d'ailleurs, pour les navires, à l'entrée et à la sortie, des renseignements que nous reproduisons ci-après :

ENTRÉES 1881.

PROVENANCE.	VAPEURS.				VOILIERS.			
	NOMBRE total.	TONNAGE total.	DONT		NOMBRE total.	TONNAGE total.	DONT	
			chargés.	sur lest.			chargés.	sur lest.
		tonneaux.	Nombre.	Nombre.		tonneaux.	Nombre.	Nombre.
France...........	140	116,669	137	3	42	4,384	19	23
Espagne..........	13	7,994	12	1	3	196	3	//
États-Unis........	10	15,519	10	//	//	//	//	//
Italie........	3	1,186	3	//	2	329	2	4
Allemagne........	1	189	1	//	//	//	//	//
Angleterre........	4	2,856	4	//	5	757	5	//
Tunisie........'....	1	1,478	1	//	//	//	//	//
Côtes de Guinée.....	//	//	//	//	1	418	1	//
TOTAUX.......	172	145,891	168	4	53	6,084	30	23

SORTIES 1881.

DESTINATION.	VAPEURS.				VOILIERS.			
	NOMBRE total.	TONNAGE total.	DONT		NOMBRE total.	TONNAGE total.	DONT	
			chargés.	sur lest.			chargés.	sur lest.
		tonneaux.	Nombre.	Nombre.		tonneaux.	Nombre.	Nombre.
France...........	132	102,778	130	2	36	3,312	28	8
Espagne..........	16	13,887	15	1	11	1,356	3	8
République Argentine.	11	20,991	11	//	1	391	1	//
États-Unis........	2	2,674	2	//	//	//	//	//
Colombie.........	6	7,310	6	//	//	//	//	//
Angleterre.,........	1	1,404	1	//	//	//	//	//
Mexique...........	1	1,473	1	//	2	474	2	//
Côtes de Guinée.....	//	//	//	//	1	361	1	//
Monaco...........	//	//	//	//	1	70	//	1
TOTAUX.......	169	150,512	166	3	52	5,964	35	17

SORTIES EN 1882.

STATISTIQUE DU SERVICE SANITAIRE.

PAVILLONS.	VAPEURS.	VOILIERS.	TOTAL.	TONNAGE TOTAL.	PASSAGERS.
	Nombre.	Nombre.	Nombre.	tonneaux.	Nombre.
ESPAGNOL.					
Côtiers { de moins de 30 tonneaux.....	"	1,491	1,491	32,926	78
{ de plus de 30 tonneaux.......	522	908	1,430	367,309	19,404
Venus { de l'Amérique.............	38	168	206	101,877	2,031
{ de l'étranger..............	450	89	539	269,181	3,790
TOTAL du pavillon espagnol......	1,010	2,656	3,666	771,293	25,303
ÉTRANGERS.					
Anglais.........................	303	31	334	255,245	138
Italien.........................	21	281	302	87,011	5,049
Français......................	189	63	252	234,762	16,670
Norvégien......................	36	32	68	29,045	40
Allemand.......................	48	3	51	40,707	52
Grec...........................	5	41	46	15,075	18
Russe..........................	"	33	33	16,087	3
Suédois........................	20	6	26	15,540	6
Danois.........................	6	21	27	7,642	1
Autrichien.....................	4	9	13	7,322	14
Belge..........................	1	1	2	1,477	"
Turc...........................	"	2	2	500	"
Hollandais.....................	"	2	2	443	"
Portugais......................	"	1	1	175	"
TOTAUX des pavillons étrangers ...	633	526	1,159	711,031	21,991
TOTAL GÉNÉRAL	1,643	3,182	4,825	1,482,324	47,294

Nous avons reçu, au commencement de juin 1884, copie de la statistique suivante, dressée par le capitaine du port de Barcelone pour l'année 1883 :

ENTRÉES.

PROVENANCES.	NAVIRES espagnols.		NAVIRES étrangers.		VAPEURS.		VOILIERS.		Pour CHARGER.		Pour DÉCHARGER.		Pour CHARGER et DÉCHARGER.		Par ARRIVÉE ou AUTRE CAUSE.	
	Nombre.	Tonnage.	Nombre.	Tonnage.	Nombre.	Tonnage.	Nombre.	Tonnage.	Nombre.	Tonnage.	Nombre.	Tonnage.	Nombre.	Tonnage.	Nombre.	Tonnage.
Cabotage..........	2.558	534,670	»	»	438	400,307	2,120	134,363	23*	35,786	315	57,538	1,990	488,989	21	2,407
Ports d'Europe......	487	402,340	1,002	611,482	975	848,697	514	165,075	157	33,656	316	72,963	1,006	903,792*	10	3,361
D'au delà des mers...	239	175,392	19	23,458	74	126,446	184	72,404	87	59,007	24	32,758	147	107,085	»	»
Totaux......	3,284	1,112,402	1,021	634,890	1,487	1,375,450	2,818	371,842	476	128,399	655	163,259	3,143	1,449,866	31	5,768

RÉSUMÉ DES ENTRÉES.

PROVENANCES.	NOMBRE.	TONNAGE.
Cabotage............................	2,558	534,670
Ports d'Europe.......................	1,489	1,013,772
D'au delà des mers....................	258	198,850
Totaux..........	4,305	1,747,292

SORTIES.

DESTINATIONS.	NAVIRES espagnols.		NAVIRES étrangers.		VAPEURS.		VOILIERS.		SUR LEST.		CHARGÉS.		TOTAL.	
	Nombre.	Tonnage.	Nombre.	Tonnage.	Nombre.	Tonnage.	Nombre.	Tonnage.	Nombre.	Tonnage.	Nombre.	Tonnage.	Nombre.	Tonnage.
Cabotage..........	2,437	477,661	»	»	434	374,778	2,003	102,883	204	76,007	2,233	401,654	2,437	477,661
Ports d'Europe	465	410,156	988	552,463	1,042	804,251	411	158.868	563	212,527	890	750,092	1,453	962,619
Au delà des mers....	249	198,666	9	83,917	108	219,442	150	63,161	»	»	258	282,603	258	282,603
Totaux......	3,151	1,086,503	997	636,380	1,584	1,398,471	2,564	324,412	767	288,534	3,381	1,434,349	4,148	1,722,883

Quand on rapproche les chiffres de la statistique du service sanitaire pour 1882, des données correspondantes de la capitainerie du port pour 1883, on constate des différences inexplicables, tout en tenant compte de ce qu'il ne s'agit pas des mêmes exercices.

SORTIES.

STATISTIQUES.	VAPEURS. — NOMBRE TOTAL.	VOILIERS. — NOMBRE TOTAL.	TONNAGE TOTAL.
Service sanitaire (1882)......................	1,643	3,182	1,482,824
Capitainerie du port (1883)..................	1,584	2,564	1,722,883
DIFFÉRENCES.............	+ 59	+ 618	− 240,559

Quoi qu'il en soit, on doit tirer de la statistique de la capitainerie du port les conclusions suivantes :

1° Le tonnage à vapeur représente environ les 8/10 du mouvement total;

2° Le tonnage à voiles en représente seulement les 2/10 à peu près;

3° Le tonnage sur lest, à l'entrée, n'est que de 7 p. o/o du tonnage total à l'entrée;

4° Le tonnage sur lest, à la sortie, est d'un peu plus de 15 p. o/o du tonnage total à la sortie.

Ce sont là, certainement, d'excellentes conditions.

Pour apprécier l'importance du port de Barcelone au point de vue de la véritable navigation maritime, il convient de déduire le cabotage côtier par barques de moins de 30 tonneaux, car dans la Méditerranée, mer sans marée, et où les ports ne servent de débouché à aucun canal, pour ainsi dire, cette navigation côtière représente la navigation intérieure dans les ports à marée de l'Océan.

Si l'on prend comme exemple le mouvement de 1882, le nombre des navires à voiles sera diminué de 1,491 et ramené à 1,691, soit, à peu près, à celui des navires à vapeur qui est de 1,643.

Le tonnage total sera diminué de 32,926 tonneaux et ramené à 1,449,398 tonneaux.

De ce chiffre le pavillon espagnol fournit environ la moitié; le pavillon français et le pavillon anglais, chacun 1/6.

Lors de notre séjour à Barcelone, en octobre 1883, la capitainerie estimait

7

qu'il y avait, dans le port, environ 250 navires et barques, dont la moitié au moins en barques au-dessous de 30 tonneaux.

DEGRÉ DE CHARGEMENT DES NAVIRES.

On a vu, par la statistique de la capitainerie du port, que presque tous les navires entrent avec un chargement et que la plupart sortent également avec un chargement.

Les navires sortant sur lest sont principalement les charbonniers anglais et les caboteurs de la Méditerranée, italiens et grecs.

Le degré de chargement des navires entrants est donné avec une grande exactitude par les relevés de la Junta du port, dont les ressources proviennent des taxes de déchargement et qui exerce sur la perception de ces droits un contrôle attentif.

Mais il faut remarquer ici que les chiffres relevés par la Junta s'appliquent à une période annuelle du 1ᵉʳ juillet au 30 juin suivant; c'est ce qui explique, sans doute, les divergences que l'on observe entre les résultats de la Junta et ceux des autres services déjà cités.

D'un autre côté il nous a été impossible d'établir une concordance exacte entre les diverses données de la statistique de la Junta. Sous réserve de ces observations, voici les chiffres qui nous ont été fournis.

ENTRÉES.
(Du 1ᵉʳ juillet 1882 au 30 juin 1883.)

		NOMBRE.
	de cabotage......................	2,721
Navires.........	venant des Antilles et des Philippines ...	73
	venant de l'étranger. { Pavillon espagnol.	726
	{ Pavillon étranger..	1,053
	TOTAL.....................	4,573

		À VOILES.	À VAPEUR.	TOTAL.
	de cabotage........	2,181	499	2,680
Navires espagnols...	venant de l'étranger et de l'Amérique..	267	484	751
	venant des Antilles..	48	30	78
Navires étrangers...	de cabotage......	7	8	15
	venant de l'étranger et de l'Amérique..	462	587	1,049
	TOTAUX........	2,965	1,608	4,573

Le tonnage n'est pas indiqué; mais, en nous basant sur celui que donnent les autres statistiques, nous croyons pouvoir l'estimer à environ 1,500,000 tonneaux.

Le tableau suivant donne la provenance, la nature et le poids des principales marchandises débarquées sous pavillon espagnol et sous pavillon étranger.

La statistique de la Junta donne le poids en kilogrammes, nous avons cru suffisant de l'indiquer en tonnes de 1,000 kilogrammes.

Les importations marquées du signe (*) sont sous pavillon étranger, les autres sous pavillon espagnol.

IMPORTATIONS (NON COMPRIS LES PROVENANCES DES CÔTES D'ESPAGNE).
(Par tonne de 1,000 kilogrammes.)

RÉGIONS et PAYS.	NATURE DES PRINCIPALES MARCHANDISES.							
	MORUE.	DIVERSES.	BOIS.	CHARBONS		MARBRE.	BLÉ.	COTON.
				de terre.	de bois.			
CÔTES NORD DE L'EUROPE.								
Danemark	* 1,587	"	* 32,733	"	"	"	"	"
Islande, Russie.	316	1	"	"	"	"	"	"
Suède et Norvège. . . .	* 5,011	* 1,141	"	"	"	"	"	"
Belgique, Hollande. . .	"	5,852 / * 10,433	"	"	"	"	"	"
Angleterre	"	26,996 / * 15,362	"	8,446 / * 274,536	"	"	"	"
N. O. de la France. . .	"	110 / 1,670	"	"	"	"	"	"
Allemagne.	"	2,009 / * 21,284	"	"	"	"	"	"
Portugal.	"	"	"	"	"	"	"	"
CÔTES DU LEVANT.								
Italie	"	1,167 / * 41,351	"	"	848 / * 24,381	6 / * 2,453	"	"
Sud de la France. . . .	"	36,237 / * 37,328	"	"	"	"	"	"
Grèce.	"	"	"	"	"	"	"	"
Sud de la Russie								
Mer Noire	"	* 1,187	"	"	"	"	* 29,833	* "
Dardanelles								
Autriche.	"	* 2,392	"	"	"	"	"	"
Îles de l'Archipel.	"	17	"	"	"	"	* 21,175	"
Turquie.	"	* 9,618	"	"	"	"		

7.

RÉGIONS et PAYS.	NATURE DES PRINCIPALES MARCHANDISES.							
	MORUE.	DIVERSES.	BOIS.	CHARBONS		MARBRE.	BLÉ.	COTON.
				de terre.	de bois.			
ASIE.								
Asie Mineure . . . .)								
Alexandrie. . . . . }	//	70 } * 9,711)	//	//	//	//	//	* 4,140
Smyrne . . . .)								
AFRIQUE.								
Côtes Nord et Ouest. .	//	2,868) * 8,809 }	//	//	//	//	//	//
AMÉRIQUE CÔTES NORD.								
États-Unis	//	19,949) * 35,025 }	//	//	//	//	//	18,229 * 20,080
Antilles	//	6,203	//	//	//	//	//	//
Mexique, Honduras. . .) Costa Rica . . . . }	//	400	//	//	//	//	//	//
Saint-Domingue.	//	341	//	//	//	//	//	//
AMÉRIQUE CÔTES SUD.								
Équateur, Colombie. . .) Brésil. . . . . : . . . . . . }	//	1,414) * 2,650 }	//	//	//	//	//	1,674
Rio de la Plata	//	5,123) * 2,302 }	//	//	//	//	//	//
AMÉRIQUE CÔTES OUEST.								
Chili, Guatémala . . . .) Guyane. . . . . }	//	* 505	//	//	//	//	//	//
Bolivie, Pérou	//	47) * 361 }	//	//	//	//	//	//
OCÉANIE.								
Archipel.	//	//	//	//	//	//	//	//
Philippines.	//	2,006	//	//	//	//	//	//

Ce tableau peut se résumer ainsi, en ajoutant les provenances des côtes d'Espagne.

PAVILLONS.	PROVENANCES.	POIDS.	TOTAUX PARTIELS.
Espagnol	Côtes d'Espagne.....................	122,021	130,230
	Antilles...........................	6,203	
	Philippines........................	2,006	
Étranger...............	Amérique étrangère..................	40,809	749,880
	Étranger et Europe.................	89,897	
	Côte d'Asie et d'Afrique	3,026	
	Étranger et Europe.................	539,675	
	Amérique étrangère.................,	54,653	
	Côte d'Asie et d'Afrique.	21,820	
	TOTAL GÉNÉRAL		880,110

On trouve la vérification de ces chiffres dans le montant total des perceptions opérées par la Junta et qui se sont élevées, pour l'exercice 1882-1883,
à 1,577,916 pes. 50 cent.

Les provenances du cabotage des Antilles et des Philippines
payent un droit de déchargement de 0ᵖ 60ᶜ par tonne de
1,000 kilogrammes, soit 130,230ᵏ × 0ᵖ 60ᶜ = ... 78.138 pesetas.
Les autres payent 2 pesetas, soit 749,880ᵏ × 2ᵖ 00ᶜ =.... 1,499,760

TOTAL.................... 1,577,898

Il résulte de ce relevé, rapproché du mouvement de la navigation en 1882,
que, à l'entrée :

1° Les navires côtiers, dont le tonnage total est d'environ 400,000 tonneaux, ont débarqué 122,000 tonnes; leur cargaison en tonnes de 1,000 kilogrammes représentait donc, en moyenne, un peu moins de 30 p. o/o de
leur jauge en tonneaux de mer ;

2° Les navires au long cours, représentant environ 1,100,000 tonneaux,
ont débarqué 750,000 tonnes; leur cargaison atteignait donc à peu près, en
moyenne, 75 p. o/o de leur jauge.

Nous n'avons pas de renseignements sur le degré de chargement des navires
à la sortie, toutefois il paraît devoir être assez faible.

D'après le rapport du consulat général de France à Barcelone, pour l'année
1882, la proportion du poids des expéditions par mer à celle des arrivages
par la même voie serait d'environ 4 à 5 p. o/o.

ESPAGNE.

La France apporte du sucre, de la porcelaine, des tissus de soie, et, depuis l'ouverture du chemin de fer de Port-Vendres à Barcelone, elle apporte aussi, mais par wagons, du charbon de terre en assez grande quantité.

Elle emporte surtout du vin.

La douane de Barcelone donne, pour l'exportation des vins, liqueurs et alcools, le chiffre considérable de 1,151,056 hectolitres.

L'Angleterre importe surtout du charbon de terre; et l'Allemagne, de l'alcool.

CHEMINS DE FER.

Barcelone est desservie par trois compagnies de chemins de fer; le mouvement des gares pour la petite vitesse est donné dans le tableau suivant qui se rapporte à l'année 1882, sauf pour le nord de l'Espagne.

COMPAGNIES DE CHEMINS DE FER.	PETITE VITESSE.	
	EXPÉDITIONS.	ARRIVAGES.
	tonnes.	tonnes.
Nord de l'Espagne. (Exercice 1881.)...................	115,112	136,063
Tarragone, Barcelone et France.... { Gares nos 1 et 2	156,608	136,217
{ Gare n° 3..........	82,499	112,626
Madrid, Saragosse, Barcelone (ligne de Valls)...........	51,716	14,828
TOTAUX....................	405,935	399,734

ANNEXE N° 1.

RÈGLEMENT

DE

LA JUNTA DU PORT DE BARCELONE.

22 JUIN 1872.

CHAPITRE PREMIER.

ARTICLE PREMIER.

La Junta a pour mission d'assurer le prompt achèvement des travaux du port, elle administrera, à cet effet, les fonds qui y sont destinés et pourra contracter, dans la forme qui sera déterminée, les emprunts nécessaires, si ces fonds ne suffisent pas.

ART. 2 [1].

Elle se composera de membres de droit et de membres électifs.

Seront membres de droit : deux membres de la députation provinciale; deux membres de la municipalité; deux autres pris dans la section du commerce, de la Junta d'agriculture, industrie et commerce de la province de Barcelone; le commandant de la marine et l'ingénieur en chef de la province.

Seront membres électifs : quatre personnes de la classe des commerçants et des armateurs.

---

[1] Le décret royal en date du 24 mars 1881, pour la réorganisation des juntas des ports, a modifié cette composition.

Il porte :

ARTICLE PREMIER.

Les juntas des travaux des ports se composeront de membres de droit et de membres électifs.

Dans les ports qui sont capitales de province, seront membres de droit : le gouverneur, qui remplira les fonctions de président; le commandant de la marine ou le capitaine de port et l'ingénieur directeur des travaux.

Seront membres électifs : deux députés provinciaux; deux conseillers municipaux; deux membres

ART. 3.

La Junta sera présidée par le gouverneur de la province, ou, à son défaut, par un vice-président qui sera choisi parmi les membres électifs.

ART. 4.

La nomination du vice-président est attribuée à la Junta ; elle aura lieu chaque année dans la dernière session du mois de juin. Le vice-président restera en fonctions pendant un an, mais il sera toujours rééligible.

ART. 5.

Il y aura un secrétaire qui assistera aux séances de la Junta, mais sans voix ni vote ; il sera le chef des bureaux.

CHAPITRE II.
NOMINATION ET ÉLECTION DES MEMBRES ÉLECTIFS.

ART. 6.

Les membres de droit provenant de la députation, de la municipalité et de la section du commerce de la Junta d'agriculture, industrie et commerce, seront nommés par les corporations dont ils dépendent respectivement.

Les quatre représentants de la classe des commerçants seront élus par la classe même qu'ils représentent.

ART. 7.

Sont électeurs tous les individus appartenant à la classe des armateurs ou commerçants qui payent contribution en cette qualité.

Les élections auront lieu chaque deux années, dans les premiers quinze jours du mois de juin.

---

de la section du commerce de la Junta d'agriculture, industrie et commerce ; deux marins ou armateurs et le doyen du collège des avocats.

Dans les localités qui ne sont pas capitales de province, seront membres de droit : l'alcade, président ; l'autorité locale de la marine et l'ingénieur directeur des travaux.

Seront membres électifs : deux conseillers, deux marins ou armateurs et un avocat.

ART. 2.

La qualité de membre de droit est inhérente à la fonction ; les membres électifs seront désignés par les groupes dont ils font partie.

ART. 3.

L'ingénieur en chef de la province sera l'inspecteur des travaux et le délégué spécial du Ministère des travaux publics.

ART. 8.

Dans les huit premiers jours de ce mois de juin, les élections seront annoncées dans le bulletin officiel de la province et dans les principaux journaux de la ville; on indiquera le jour, l'heure et l'endroit où aura lieu le scrutin et on y convoquera les électeurs.

ART. 9.

Pour que le scrutin soit valable, cinquante électeurs au moins auront dû prendre part au vote, sinon on fera une seconde convocation, dans les mêmes formes que pour la première, et dans le délai de trois jours.

ART. 10.

Quel que soit le nombre des votants à la seconde convocation, le scrutin sera valable.

ART. 11.

Le bureau pour le dépouillement des votes se composera du vice-président de la Junta, du secrétaire et de deux scrutateurs que nommeront aux voix les électeurs présents.

ART. 12.

Le président du bureau décidera, séance tenante, toutes les questions, quelles qu'elles soient, auxquelles pourront donner lieu les opérations de l'élection.

ART. 13.

A chaque élection on nommera le nombre de membres nécessaire pour remplacer les membres sortants par expiration de leur mandat et pour remplir les vacances provenant de décès ou de démissions.

En même temps on nommera deux membres suppléants pour parer à la démission ou au décès des titulaires.

Le résultat de l'élection sera signalé immédiatement au gouverneur de la province, qui en avisera le Ministère des travaux publics.

ART. 14.

Les membres élus entreront en fonctions le 1er juillet qui suivra immédiatement le jour de l'élection.

ART. 15.

La durée des fonctions des membres électifs sera de quatre années; la moitié de ces membres se renouvellera tous les deux ans.

ART. 16.

Les fonctions de membre électif sont volontaires, gratuites, honorifiques; elles sont incompatibles avec toute participation directe ou indirecte aux entreprises soldées par les fonds de la Junta.

8

CHAPITRE III.

ATTRIBUTIONS ET DEVOIRS DE LA JUNTA.

———

ART. 17.

La Junta a le droit et le devoir de :

1° Élire son vice-président;

2° Créer et supprimer les emplois de son service, nommer et destituer ses employés;

3° Fixer les honoraires, traitements, allocations du personnel;

4° Intervenir dans la perception des droits que les navires payent pour les travaux du port et en recevoir chaque jour le montant de l'administration de la douane sans que ces sommes passent par les caisses du Trésor;

5° Réaliser les emprunts à mesure que l'exigeront les besoins des travaux, mais après autorisation préalable de l'autorité compétente;

6° Payer les intérêts de ses obligations et les amortir dans les délais prévus;

7° Assurer l'exécution des travaux par le système qu'elle juge convenable, mais dans la limite des projets approuvés par le Gouvernement et d'ailleurs d'accord avec le directeur technique;

8° Proposer à la direction générale des travaux publics, de l'agriculture, du commerce et de l'industrie tous les travaux qu'elle juge convenables;

9° Remettre, avec son avis, à cette direction générale, tous les projets des travaux et soumettre à sa décision tous les incidents qui pourront se présenter en tout ce qui concerne l'entreprise au point de vue financier et technique;

10° Procéder, avec toutes les formalités prescrites pour de semblables travaux exécutés par l'État, aux adjudications que la Junta juge convenable de faire, d'accord avec le directeur technique et dans la limite des projets et des devis estimatifs approuvés par la direction générale;

11° Exercer la surveillance au point de vue financier sur la marche des travaux;

12° Intervenir, quand elle le juge convenable, dans la réception des matériaux, machines ou matières acquis par contrats et dans la réception des travaux ou des ouvrages, à mesure qu'ils sont achevés;

13° Soumettre à l'approbation de la direction générale les comptes de liquidation des constructions des travaux adjugés ainsi que les procès-verbaux de réception de tous les ouvrages, en affirmant la régularité et la sincérité de ces documents, faute de quoi ils seraient considérés comme non avenus;

14° Approuver, sur la proposition préalable du directeur technique, les comptes des travaux et en ordonner le payement;

15° Arrêter, après due autorisation du Gouvernement, et conformément aux projets approuvés, le mode d'affectation des terrains à gagner sur la mer pour satisfaire à l'exécution des travaux ou à l'amélioration des services du port;

16° La Junta sera consultée sur toutes les affaires qui peuvent avoir un rapport direct ou indirect avec les travaux et les services du port, ainsi qu'avec l'amélioration ou l'extension du port ;

17° Sous quelque motif que ce soit, la Junta ne pourra distraire les fonds qu'elle administre pour un emploi autre que l'objet spécial en vue duquel elle est créée. Elle ne fera de payement que pour solder les dépenses de secrétariat et les comptes des travaux formellement justifiés par l'ingénieur en chef, directeur des travaux, et ce, conformément aux projets et devis approuvés par le Gouvernement.

CHAPITRE IV.
ATTRIBUTIONS DU VICE-PRÉSIDENT.

ART. 18.

Le vice-président a le droit et le devoir de :

1° Remplacer le président, en cas d'absence de celui-ci ;

2° Convoquer la Junta, en indiquant le jour et l'heure de la réunion ;

3° Diriger l'ordre des discussions ;

4° Signer les procès-verbaux des séances qu'il préside et toutes les communications adressées aux autorités et aux corporations ; viser les certificats que délivre le secrétaire ;

5° Assurer l'exécution des décisions de la Junta ;

6° Accorder, en cas d'urgence, les provisions qu'il juge opportunes, sauf à les soumettre à l'approbation de la Junta dans la séance la plus prochaine ;

7° Signer les ordonnances de payement, sur certificat préalable du secrétaire, pour tout ce qui se rapporte au secrétariat et, sur le certificat du directeur technique, pour toutes les autres dépenses.

CHAPITRE V.
ATTRIBUTIONS DU SECRÉTAIRE.

ART. 19.

Le secrétaire a le droit et le devoir de :

1° Assurer la bonne tenue et le travail du bureau ;

2° Dresser les procès-verbaux des séances et les inscrire sur un registre, en la forme prescrite par les lois ;

3° Tenir la correspondance de la Junta et la signer avec le vice-président ;

4° Expédier les copies certifiées des décisions de la Junta ;

5° Rendre compte à la Junta, dans la séance la plus prochaine, de la correspondance reçue ;

6° Conserver et classer les archives ;

7° Garder le sceau de la Junta ;

8° Signer, avec le vice-président, les ordres dont il est parlé au 7° de l'article précédent;

9° Dresser et présenter chaque mois le compte des dépenses des bureaux (personnel et matériel).

CHAPITRE VI.

DES SÉANCES.

ART. 20.

La Junta tiendra une séance au moins par semaine.

ART. 21.

Le secrétaire adressera, pour chaque séance, une convocation à chacun des membres de la Junta.

ART. 22.

Pour que les délibérations soient valables la présence de la moitié moins un des membres est indispensable.

ART. 23.

L'ordre des séances sera toujours le suivant :

1° Lecture et approbation du procès-verbal de la séance précédente;

2° Lecture de la correspondance et discussions auxquelles elle donne lieu;

3° Lecture, discussion et vote des rapports des commissions;

4° Discussion des propositions des membres de la Junta.

ART. 24.

La discussion étant close sur une affaire on procédera au vote. La décision n'est valable que si elle est prise par la majorité absolue des membres présents.

ART. 25.

En cas de partage des voix, celle du président est prépondérante.

CHAPITRE VII.

ADMINISTRATION DE LA JUNTA.

ART. 26.

La Junta pourra correspondre :

1° Directement, avec la direction générale des travaux publics pour tout ce qui concerne la partie technique des travaux du port;

2° Par l'intermédiaire du gouverneur de la province, avec les autres administrations ou autorités;

3° De l'une ou l'autre de ces deux façons, avec les corporations locales et particulières.

ART. 27.

Les autorités et corporations donneront à la Junta toute l'aide et le concours qu'elles pourront lui prêter pour faciliter l'accomplissement de sa mission.

ART. 28.

Les fonds de la Junta se composeront :

1° De la somme que l'État consacrait aux travaux du port et qui provenait des droits d'ancrage, de phares, de chargement et de déchargement, établis par l'article 1er de la loi du 30 avril 1856;

2° D'une somme égale au produit de ces droits, conformément au décret du 28 novembre 1868 [1];

3° De la valeur des terrains à conquérir sur la mer et dont l'importance sera déterminée;

4° Du produit des établissements qui seront construits pour les services du port;

5° De toutes les autres ressources dont le Gouvernement ou la Junta pourra disposer en faveur des travaux du port.

ART. 29.

La Junta établira, chaque jour, un état détaillé de la perception mentionnée au 2° de l'article précédent en indiquant les navires, leur tonnage et les droits payés.

Ces états seront résumés chaque mois et leurs résultats publiés dans les journaux.

ART. 30.

Les sommes auxquelles se rapporte l'article 28 entreront dans les caisses de la Junta, savoir :

Celles du 1° aussitôt que le montant en aura été établi;

Celle du 2° seront versées, chaque jour, par la douane à la Junta, sur reçu, et sans qu'elles passent par les caisses de la trésorerie de la province;

Les autres à mesure qu'elles seront réalisées.

ART. 31.

De quelque provenance que soient les fonds encaissés par la Junta, ils seront déposés immédiatement à la Banque de Barcelone ou dans un établissement de crédit digne de confiance et agréé par le Gouvernement.

ART. 32.

Il ne sera disposé d'aucune partie des fonds de la Junta sans son consentement formel et sans un ordre signé pas le vice-président et le secrétaire.

---

[1] Aujourd'hui les revenus de la Junta sont représentés par un quantum de 80 p. o/o des droits de déchargement, les autres droits ayant été supprimés.

ART. 33.

Dans la dernière quinzaine de chaque trimestre, le directeur des travaux présentera les prévisions de dépenses pour le trimestre suivant. On ne pourra payer aucune somme non portée dans ces prévisions.

Il présentera aussi, dans les huit premiers jours de chaque mois, le compte justificatif des dépenses faites en travaux pendant le mois précédent.

ART. 34.

Le secrétaire présentera dans le même délai les dépenses de bureau du mois précédent.

ART. 35.

Dans la dernière séance de chaque mois seront nommés deux membres chargés de vérifier les comptes de toute espèce qui seront présentés à la Junta pendant le mois suivant.

ART. 36.

Les comptes, revêtus de la mention de cette vérification, seront soumis à l'approbation de la Junta et, quand ils auront été approuvés, on pourra alors, mais seulement alors, délivrer l'ordonnance de payement.

ART. 37.

Les livres de comptabilité seront numérotés par pages; et les feuillets en seront parafés par le vice-président en exercice; la première et la dernière feuille seront timbrées du sceau de la Junta.

ART. 38.

La Junta publiera tous les trois mois les comptes de son administration et un rapport sur les travaux exécutés, elle en donnera copie à la direction générale.

ART. 39.

A la fin de chaque exercice la Junta adressera à la direction générale, par l'intermédiaire du gouverneur, un compte général des recettes et des dépenses, auquel sera joint un mémoire sur la marche et l'avancement des travaux.

ART. 40.

Le directeur technique des travaux du port relève du Ministère des travaux publics.

ART. 41.

Le directeur technique sera de la classe des ingénieurs en chef et dépendra, pour ce qui se rapporte à la partie technique des travaux, de la direction générale des travaux publics, dont il recevra les ordres; il pourra correspondre directement avec elle pour tout ce qui touche aux projets et aux études techniques des travaux.

ART. 42.

Le directeur technique, quand il sera autre que l'ingénieur en chef de la province, sera nommé par la direction générale des travaux publics, sur la proposition de la Junta, dont il sera membre de droit [1].

ART. 43.

Les employés techniques secondaires seront nommés par la Junta, sur la proposition de l'ingénieur directeur des travaux.

ART. 44.

Ces employés seront sous les ordres immédiats de l'ingénieur directeur, comme dans le service des travaux publics de l'État.

ART. 45.

La Junta pourra signaler au Gouvernement tout abus ou toute faute qu'elle aurait remarqué dans la marche des travaux, ou tout fait quelconque qu'elle jugerait utile de recommander à son attention; mais elle ne pourra prendre aucune mesure de nature à affecter l'organisation des travaux, sans en avoir, dans tous les cas, référé à la direction des travaux publics.

ART. 46.

L'ingénieur en chef de la province facilitera à la Junta du port et à son directeur technique l'accomplissement de leur mission en leur fournissant tous les renseignements et documents dont il disposera.

ART. 47.

Les adjudications de travaux à exécuter par entreprise, quand la Junta le jugera convenable, auront lieu par-devant le gouverneur de la province, président de la Junta, sur la base des projets approuvés par la direction générale des travaux publics. Un membre de la Junta et l'ingénieur directeur des travaux assisteront le gouverneur pour ces adjudications.

CHAPITRE VIII.

DES EMPLOYÉS DE LA JUNTA.

ART. 48.

Le personnel des bureaux se composera d'un secrétaire et des autres agents et employés nécessaires à la bonne marche du service.

ART. 49.

Ils seront nommés par la Junta et rétribués au moyen de ses fonds.

---

[1] L'ordonnance royale du 21 novembre 1878 a décidé que le choix et la nomination du directeur technique appartiendraient désormais au Ministère des travaux publics.

ESPAGNE.

DISPOSITIONS TRANSITOIRES.

ART. 5o.

Le sort désignera les deux membres électifs qui devront cesser leurs fonctions le 3o juin 1871.

RÈGLEMENT

POUR

LE SERVICE, LA POLICE ET LA CONSERVATION DES QUAIS
ET DE LA ZONE MARITIME

DU PORT DE BARCELONE.

(EXTRAITS.)

CHAPITRE PREMIER.
DES AUTORITÉS ET FONCTIONNAIRES.

ART. 6.

L'administration de la douane et les agents sous ses ordres assureront le plus prompt débarquement possible des marchandises; ils consigneront l'heure du débarquement et préviendront les intéressés que les marchandises débarquées et déposées sur les quais doivent, autant que possible, être enlevées chaque jour. Ils ne permettront pas le débarquement des marchandises sur des points où cela pourrait compromettre le bon ordre et la police des quais et prêteront leur concours aux gardes-quais.

ART. 7.

Il incombe aux gardes-quais, sous les ordres de l'ingénieur chargé du service ou de ses agents, de prévenir ou de dénoncer toute infraction à ce règlement; les fonctionnaires ou agents de la force publique, civils et militaires, doivent prêter secours et main-forte aux gardes-quais quand ceux-ci le réclament pour le bon accomplissement de leur mission.

ART. 8.

Les gardes-quais sont nommés par la Junta du port, sur la proposition de l'ingénieur directeur des travaux.

ART. 9.

Un délégué spécial du gouverneur infligera les amendes encourues par les contrevenants; il jugera, sans appel, les contraventions constatées par les gardes-quais, après s'être éclairé

9

sur les circonstances de l'affaire et avoir au besoin consulté le gouverneur dans les cas douteux; mais, de toute façon, il rendra sa décision d'urgence, condition indispensable pour que la répression soit efficace.

CHAPITRE II.

DE L'USAGE DES QUAIS ET DE LEURS DÉPENDANCES.

ART. 11.

Les quais sont affectés au chargement des marchandises; il est défendu de les occuper pour tout autre objet que ce soit, sans l'autorisation écrite du gouverneur, la Junta entendue.

ART. 12.

Toute contravention à cette prescription entraîne une amende de 10 pesetas pour chaque jour pendant lequel elle persistera; le troisième jour l'administration aura le droit de faire procéder d'office et aux frais du contrevenant au rétablissement des lieux dans leur état normal.

ART. 13.

Les escaliers sont exclusivement réservés à l'embarquement et au débarquement des passagers et de leurs bagages. Tout autre usage qu'on en fera constitue une infraction passible d'une amende de 5 à 10 pesetas.

ART. 14.

Les espaces destinés au dépôt provisoire des marchandises ne peuvent être occupés que jusqu'au moment où la douane a achevé son examen; à partir de ce moment les marchandises doivent être enlevées sans interruption, avec toute la célérité possible, et, de toute façon, dans les quarante-huit heures suivantes, sauf les cas de force majeure dûment constatés.

Les contrevenants payeront une amende de 25 pesetas et, en outre, 1 peseta par mètre carré et par jour, pour le terrain occupé.

Dans les délais ci-dessus on ne comptera pas les heures ou les jours pendant lesquels la pluie ou toute autre cause aurait suspendu les transports dans le port.

ART. 15.

Si les marchandises restent plus de quatre jours sur les quais, après leur reconnaissance par la douane, l'administration les fera enlever et déposer en lieu sûr, au compte du propriétaire. (Voir art. 27.)

ART. 16.

Les objets et apparaux pour la manutention ou le pesage des marchandises doivent être enlevés dès qu'ils ne sont plus indispensables; ils doivent être manœuvrés de façon à ne pas dégrader les ouvrages des quais. (Amende de 25 pesetas et réparation des dommages.)

ART. 17.

Les marchandises débarquées qui n'ont pas à être reconnues sur les quais doivent être enlevées au fur et à mesure de leur débarquement; de plus il est défendu d'en laisser sur les quais pendant la nuit une partie quelconque si petite qu'elle soit. (Amende de 50 pesetas par jour.)

ART. 18.

Les marchandises à embarquer ne doivent jamais, en principe, séjourner sur les quais, leurs propriétaires pouvant toujours choisir le moment convenable pour les y amener. Toutefois si, par suite de circonstances dûment prouvées, l'embarquement n'a pu se faire ou a dû être suspendu, les marchandises déjà transportées ne pourront séjourner sur les quais que le temps strictement nécessaire à leur enlèvement, et, dans aucun cas, ce délai n'excédera quarante-huit heures.

ART. 19.

Si un navire entre en avarie et est obligé de débarquer provisoirement sa cargaison pour la réembarquer ensuite, il lui sera assigné sur les quais un emplacement qu'il pourra occuper gratuitement pendant dix jours; ce délai étant expiré le navire payera 0P,50 par mètre carré et par jour, et 1 peseta si les marchandises ne doivent pas être réembarquées.

Après quarante jours, l'administration aura le droit de les enlever et de les vendre jusqu'à concurrence du loyer dû.

ART. 20.

Les grains en vrac et par grandes parties devront être enlevés à raison de 700 hectolitres au moins par navire en déchargement et par jour. Pour le dépôt des chargements de grains on accorde gratuitement 40 mètres carrés de quai aux navires à voiles et 80 mètres aux vapeurs.

ART. 21.

Si l'espace occupé est plus grand que celui accordé, il sera payé 0P,25 par mètre carré et par jour, pour l'espace en excès pendant quinze jours, et après quinze jours 0P,50.

Si on n'enlève pas les 700 hectolitres par jour, on payera les prix ci-dessus pour toute la superficie occupée y compris les 40 mètres carrés accordés; et, si on suspend les transports, l'administration procédera comme il est dit à l'article 27.

ART. 22.

Prescriptions pour la manœuvre des corps pondéreux pouvant détériorer les quais (emploi de madriers, etc.), et pour le lest (usage des prélarts).

ART. 23.

Responsabilité des capitaines, armateurs, consignataires, etc., pour les avaries causées; réparations à leurs frais (sauf cas de force majeure).

Les navires ne peuvent quitter le port avant d'avoir payé ce qu'ils doivent ou avant d'avoir donné caution.

ART. 24.

Dépôt, chaque soir, des apparaux de manœuvre dans les lieux indiqués (sous peine d'une amende de 5 pesetas par objet non rangé).

ART. 25.

Des matières inflammables ou dangereuses.

ART. 26.

Interdiction des feux (amendes de 10 à 50 pesetas).

ART. 27.

Tout appareil, machine, marchandise, matière ou objet quelconque qui se trouvera sur les quais et que son propriétaire n'aura pas enlevé, sur l'injonction qui lui en aura été faite par qui de droit, sera enlevé d'office, sans délai, à la diligence de l'autorité et déposé en lieu sûr pendant dix jours.

Si à l'expiration de ces dix jours le propriétaire n'est pas venu le réclamer, et payer préalablement une amende de 30 pesetas, plus les dépenses d'enlèvement et en outre le magasinage à raison de 1 peseta par mètre carré et par jour, l'objet sera considéré comme étant abandonné, et l'administration pourra soit le vendre, soit l'utiliser; dans aucun cas l'intéressé ne pourra formuler de réclamation pour avarie ou détérioration subie par l'objet.

ART. 28.

Le gouverneur, après avoir consulté le commandant de la Marine, l'administrateur de la douane, la Junta du port et toute autre personne qu'il jugera convenable d'entendre, fixera le délai accordé pour le chargement ou le déchargement des différentes classes de navires.

ART. 29.

Les navires quitteront les quais dès qu'il auront terminé leurs opérations (obligation de balayer les quais sur 15 mètres de largeur et sur la longueur qu'ils occupent, amendes 5 pesetas par jour).

ART. 30.

Interdiction d'établir aucune baraque sur les quais, sauf pour le service de la Junta et dans l'intérêt public.

ART. 31.

Des grues, bigues ou appareils volants provisoires pourront être établis par les propriétaires ou consignataires de navires, sur la proposition de la Junta du port, avec l'autorisation du gouverneur; mais si ceux qui les ont établis ne les enlèvent pas dès qu'ils cessent de s'en servir, le public pourra les employer gratuitement; si les propriétaires font payer un droit d'usage, ils seront passibles d'une amende de 20 pesetas et seront déchus de leur concession.

ART. 33.

S'il devenait nécessaire d'établir dans l'intérêt d'un service de l'État quelque guérite, baraque ou hangar, le gouverneur pourra, à la demande du chef de ce service, en autoriser l'établissement, si l'utilité en est justifiée, et pourvu qu'il soit d'accord avec la Junta du port; en cas de désaccord il en sera référé à la direction générale des travaux publics.

ART. 35.

Création d'un lieu spécial de dépôt pour les grandes pièces de bois; droit de magasinage à fixer.

ART. 36.

Création de lieux de dépôt pour le lest; le droit d'occupation de ces dépôts sera mis en adjudication. Toutefois le chargement et le déchargement du lest peuvent se faire librement.

ART. 37.

Règlements à établir par le gouverneur, s'il est d'accord avec la Junta, sinon par le Gouvernement :

1° Pour la circulation des voitures et des wagons;
2° Pour l'usage des grues établies par la Junta.

ART. 42.

Les marchandises ou objets déposés sur les quais et donnant lieu à des procès ne peuvent, pas plus que les autres, y séjourner : mais, dans ce cas, avis préalable est donné, au tribunal saisi de l'affaire, des mesures à prendre conformément à ce règlement.

CHAPITRE III.
DE L'APPLICATION DES AMENDES ET DES AUTORISATIONS À ACCORDER.

ART. 43.

Les gardes-quais apporteront une extrême prudence dans leurs relations avec le public quand ils seront obligés de rappeler ou d'appliquer le règlement.

Toute personne qui les insultera ou les maltraitera dans l'exercice de leurs fonctions sera passible d'une amende de 10 à 50 pesetas, sans préjudice de l'action judiciaire à intenter contre elle.

ART. 44.

Sur le montant des amendes les gardes-quais ayant constaté la contravention recevront 15 p. o/o, l'autorité qui aura infligé ces amendes en recevra 25 p. o/o; les 60 p. o/o restants seront appliqués aux travaux du port, ainsi que l'intégralité des perceptions pour droits de dépôt ou de magasinage.

ART. 45.

Les amendes seront payées aux caisses de la Junta qui en fera la répartition aux ayants
droit.

ART. 46.

Les amendes seront recouvrées à la diligence du gouverneur, de façon à ne laisser aucune contravention impunie; toute amende qui ne sera pas payée le jour où elle aura été
infligée, sera majorée de 20 p. o/o par jour de retard.

ART. 47.

Aucune réclamation ne sera admise avant le payement de l'amende et sans la présenta-
tion du reçu délivré par la Junta.

ART. 52.

Le gouverneur, d'accord avec la Junta et après avoir entendu la capitainerie du port, la
direction des travaux publics, le service sanitaire et l'administration de la douane, détermi-
nera l'affectation spéciale de chaque quai au point de vue des chargements et déchargements.

Proposé le 26 juillet 1882, par la Junta.
Approuvé le 10 février 1883, par ordre royal.

CHAPITRE II.

ITALIE.

En Italie, l'État construit, entretient, réglemente et administre tous les ports.

Il en supporte toutes les dépenses, les villes, les associations, les particuliers n'y contribuant pour ainsi dire pas.

Gênes et Venise offrent cependant deux exceptions à cette règle.

Les travaux du port de Gênes s'exécutent, pour la plus grande partie, au moyen d'un legs considérable du duc de Galliera.

Le nouveau bassin de Venise a été construit par la compagnie des chemins de fer de la haute Italie.

L'État paraît avoir, pour ce qui concerne les travaux des ports, une indépendance d'autorité toute spéciale; les projets en pareille matière ne sont pas nécessairement soumis à des enquêtes publiques, bien que cette formalité soit observée quand il s'agit de routes et de chemins de fer.

Cependant l'État consulte les municipalités, les chambres de commerce et, d'une manière générale, les représentants des associations reconnues et ayant un intérêt direct à l'exécution des travaux projetés.

Mais, grâce à une très grande liberté de presse et de réunion, cette absence d'enquêtes semble n'avoir pas d'inconvénients.

Le public est toujours, d'une manière ou d'une autre, mis au courant des études qu'on poursuit; s'il y trouve à redire il remplit les journaux de ses doléances; des comités de défense se forment, des réunions ont lieu, et le Gouvernement est moralement forcé de tenir compte de ces mouvements d'opinion.

C'est ainsi, nous a-t-on dit, qu'on a cru devoir, à la suite d'une agitation de ce genre, modifier l'ordre d'exécution des jetées de la nouvelle entrée projetée au Lido pour le port de Venise.

L'État, faisant tous les frais des ports, en encaisse, naturellement, tous les revenus.

Les droits que doit payer la navigation sont fixés uniformément pour tout le Royaume par des lois générales.

Les localités ne fournissant pas de fonds pour les travaux, on ne trouve pas dans les ports italiens de taxes locales.

SERVICES DIVERS DES PORTS.

PHARES.

Le service des phares est assuré gratuitement par l'État.

PILOTAGE.

Le pilotage est un service public, réglementé, dans chaque localité, par des ordonnances ministérielles ; il est dans les attributions du capitaine de port, qui relève directement de l'administration centrale.

POLICE DU PORT.

La police du port est assurée également par le capitaine du port qui jouit, à ce sujet, d'une autorité très étendue.

Chaque port a un règlement spécial, arrêté par le Ministre de la marine ; mais il existe un règlement général, promulgué en exécution du Code de la marine marchande, et qui contient un grand nombre de prescriptions applicables à tous les ports. Le règlement général est du 20 novembre 1879.

Le REMORQUAGE, le LESTAGE, le RADOUBAGE, sont abandonnés à l'industrie privée.

TAXES IMPOSÉES À LA NAVIGATION.
(Loi du 11 août 1870.)

Le tarif est applicable par tonneau de jauge.

Il est le même pour les navires italiens et les navires assimilés, pour les navires français, par exemple.

Les navires non assimilés payent double taxe.

DROITS D'ANCRAGE.

	PAR TONNEAU DE JAUGE.
À chaque entrée, quelle que soit la provenance.............	$0^f 55^c$
Abonnement annuel pour les bâtiments à voiles de plus de 5o tonneaux et pour les remorqueurs à vapeur.................	1 65
Abonnement annuel pour les bâtiments de moins de 5o tonneaux..	0 55

Les vapeurs, non compris dans les catégories ci-dessus, payent la taxe une seule fois par mois.

DROITS DE DARSENA.

Il existe dans quelques ports italiens de petites darses où les navires sont mieux abrités que partout ailleurs et où ils trouvent certaines commodités pour leurs opérations.

On paye un droit supplémentaire pour entrer et pour séjourner dans un bassin de ce genre qu'on appelle « *darsena* ».

	PAR TONNEAU DE JAUGE.
Droit d'entrée.....................................	$0^f 06^c$
Stationnement au delà d'un mois........................	0 03

Ces taxes ne sont pas applicables aux navires de moins de 5o tonneaux.

DROITS SANITAIRES À L'ENTRÉE.

Pour les navires en provenance :

	PAR TONNEAU DE JAUGE.
De la Turquie, de l'Égypte, de la Syrie, d'Amérique, de l'Afrique occidentale (moins le Maroc) et des pays au delà du cap Horn et du canal de Suez..............................	$0^f 45^c$
De l'Europe (moins la Turquie), de l'Afrique septentrionale (moins l'Égypte) et du Maroc :	

Pour les navires { à voiles......................... 0 25
{ à vapeur........................ 0 07

Abonnements annuels :

Bâtiments.........{ à voiles........ Trois fois la taxe à l'entrée.
{ à vapeur....... Dix fois.

10

IMPRIMERIE NATIONALE.

PAR NAVIRE.

Pour les bâtiments. { jusqu'à 49 tonneaux inclusivement..... 1^f 00^c
de 50 tonneaux et au-dessus 3 00

Il existe encore d'autres droits, mais qui s'appliquent spécialement à l'armement.

Par exemple, pour les actes de nationalité, pour les rôles d'équipage, etc.

Les frais de quarantaine, tels que : visites de médecins, séjour au lazaret (passagers et marchandises), sont également taxés.

GÊNES.

CONSIDÉRATIONS GÉNÉRALES.

Gênes est la rivale de Marseille, et une rivale sérieuse depuis qu'elle communique avec l'Allemagne et la Suisse par les voies ferrées qui traversent les Alpes.

Pour soutenir cette lutte de concurrence elle organise activement son port qui est déjà le plus important de toute l'Italie.

On sait que les ressources dont elle dispose, dans ce but, proviennent d'un legs considérable du duc de Galliera; mais ce qu'on ne sait généralement pas, c'est qu'on trouve dans les conditions imposées par le testateur un programme complet d'aménagement de port.

La convention du 11 avril 1876, entre le Gouvernement italien et le duc de Galliera, porte en effet en substance :

ARTICLE PREMIER. Le projet pour l'amélioration du port de Gênes devra satisfaire complètement aux besoins du commerce, c'est-à-dire assurer la facilité de l'entrée et de la sortie des navires; la sûreté de l'approche et de l'ancrage; la commodité, la rapidité et l'économie de la manutention des marchandises; la prompte et facile communication des lieux de débarquement et d'embarquement avec les magasins de dépôt et les lignes de chemins de fer.

ART. 2. Les quais seront pourvus de hangars, de voies ferrées, d'appareils mécaniques de manutention construits d'après les systèmes les meilleurs et les plus récents.

Il sera établi des appareils de radoub pour la visite et la réparation des navires.

Les tarifs d'usage de ces installations et de ces appareils ne pourront jamais dépasser le minimum des tarifs analogues en vigueur dans les ports rivaux étrangers les plus importants.

Art. 4. Les ouvrages seront exécutés sans interruption et avec toute l'activité désirable.

Le programme des travaux sera combiné de façon à assurer le progrès parallèle des ouvrages extérieurs et intérieurs et à permettre d'en retirer à bref délai tous les avantages possibles.

Art. 5. On fera tous les travaux de nature à donner le long des quais un calme tel que les opérations d'embarquement et de débarquement ne soient jamais interrompues.

Art. 9. Les quais auront le plus grand développement, et leurs terre pleins, la plus grande largeur que comporte la disposition des lieux.

On ne voit guère ce qu'on pourrait ajouter à un pareil programme.

Non seulement le duc de Galliera a lié le Gouvernement italien par des engagements formels ; il a encore exigé que la ville de Gênes donnât un concours effectif à l'amélioration de son port, en abandonnant gratuitement certaines surfaces à occuper par les ouvrages et en fournissant une subvention d'un million de francs pour l'exécution de quelques travaux.

L'ensemble des projets dont la convention impose la réalisation est estimé : 26,000,000 de francs [1] sur lesquels le duc de Galliera a donné 20,000,000 de francs, ne laissant ainsi à la charge du Gouvernement italien qu'une somme de 6,000,000 de francs.

La convention date de 1876. Les travaux ont été adjugés et commencés en 1877 ; ils doivent être achevés en 1888.

---

[1] Cette somme de 26,000,000 de francs ne comprend pas les dépenses d'outillage proprement dit, par exemple celles qui concernent l'installation des voies ferrées, des hangars, des grues; elle ne comprend pas non plus la construction des bassins du radoub, ni les dragages pour l'approfondissement du port.

Du 15 octobre 1877 au 14 août 1883, les sommes payées aux entrepreneurs des travaux de construction se sont élevées à environ 14,000,000 de francs. '

Le port de Gênes est donc en voie de transformation rapide ; mais, pour le moment, son exploitation ne diffère pas de celle que comportait son état avant 1876.

L'entretien du port coûte, actuellement, de 80,000 à 100,000 francs par an.

———————

La baie de Gênes est au fond d'un hémicycle de hautes collines à pentes raides. Les chemins de fer ne peuvent y accéder que par des souterrains, de quelque côté qu'ils viennent.

La plage au pied des coteaux est extrêmement étroite ; c'est sur ce mince ruban demi-circulaire que devait se concentrer le mouvement commercial.

La baie est ouverte en plein vers le sud, c'est-à-dire précisément dans la direction des vents dominants du large et de la plus grande étendue de mer ; les tempêtes dangereuses viennent du S. O. [1].

A l'est de la baie existait un petit cap naturel donnant un abri derrière lui ; c'est là qu'était le mouillage primitif, c'est là qu'est encore le centre commercial et maritime de Gênes ; on y trouve le petit bassin appelé « Mandraccio » toujours encombré d'allèges et bordé, le long de ses quais sans profondeur, par les magasins de la douane et par ceux du commerce, qui forment l'ensemble connu sous le nom de « Porto franco », Port franc.

Quand le mouillage devint insuffisant, on en augmenta la superficie en prolongeant le cap naturel par une jetée artificielle, le môle vieux (Molo Vecchio), qui fut construit vers 1057.

C'est encore sous l'abri du vieux môle que mouillent aujourd'hui presque tous les navires.

On avait ainsi obtenu une protection relative dans la moitié est de la baie.

On y construisit un bassin « la Darsena » qui servit naguère d'arsenal au royaume du Piémont et qui a été, en 1873, cédé par l'État à la ville de Gênes.

———————

[1] Il n'y a pas à Gênes de vent de terre violent comme le mistral à Marseille, ou la bora à Trieste.

Les quais s'étendirent de la Darsena au Mandraccio et ce sont encore à peu près les seuls dont on se serve actuellement; ils ne sont accessibles qu'aux allèges.

Sur ces quais s'élève la fameuse terrasse de marbre, qui les encombre.

Si on jette les yeux sur un plan de Gênes, on verra que la densité des habitations décroît depuis les parages de l'ancien port, où elle atteint son maximum (à l'est du Mandraccio), jusqu'aux environs des magasins de la Darsena, où elle est très faible.

La ville se termine pour ainsi dire au méridien de la Darsena, près de la gare centrale du chemin de fer.

En résumé, on n'utilisait que la moitié du contour de la plage et que le tiers de la surface de la baie.

Ce mouillage réduit n'offrait d'ailleurs pas toujours un calme suffisant.

On construisit une seconde jetée, mais celle-ci, enracinée à l'autre extrémité de la baie, à l'ouest, au pied de la colline de San-Benigno. Ce nouveau môle « Molo Nuovo » est à peu près parallèle à l'ancien, mais plus avancé vers le sud.

On est rentré ainsi dans la disposition d'un certain nombre de ports de la Méditerranée, qui comporte une grande jetée du large abritant la baie contre les vents de tempête et une seconde jetée intérieure orientée en sens contraire pour empêcher l'agitation qui a doublé le premier môle de pénétrer dans le port.

On obtint de cette façon un calme satisfaisant immédiatement derrière l'enracinement du môle neuf, au pied du cap de San-Benigno.

C'est là que furent établis les quais du bassin affecté au service du chemin de fer, qui y accède par un tunnel.

Cette partie du port est la seule qui soit actuellement aménagée et exploitée d'une façon convenable.

Presque tout le mouvement des charbons se fait à San-Benigno; et le charbon représente à peu près la moitié du poids total des arrivages par mer à Gênes.

Et cependant cette darse est extrêmement petite; elle n'occupe certainement pas le vingtième de la surface du port; elle n'est pas, d'ailleurs, disposée de la façon la plus commode; elle offre, par suite, un exemple d'autant plus intéressant des résultats qu'une administration de chemins de fer sait obtenir dans un bassin qu'elle exploite.

Mais de San-Benigno à la Darsena il n'existe pas de quais où le mouvement ait quelque importance; cela tient à ce qu'il règne tout le long de cette zone une agitation gênante.

C'était donc dans cette région qu'on pouvait trouver le champ libre pour la création d'un nouvel établissement maritime.

Pour y augmenter le calme on a créé au large du port un vaste avant-port.

Il n'entre pas dans le cadre de cette étude d'examiner la valeur, longtemps discutée, de cette solution; nous nous bornerons donc à dire que les deux nouvelles jetées en construction reproduisent à peu près les dispositions des deux anciennes jetées, mais plus au large vers le sud.

On espère que le port sera ainsi bien abrité; toutefois le duc de Galliera a stipulé que si, contre toute attente, ce résultat n'était pas obtenu, le Gouvernement italien devrait créer au besoin une nouvelle entrée. Il a donc été admis qu'on était assuré, en tout cas, d'avoir le calme nécessaire; aussi, en même temps qu'on construit les jetées du large, on établit les quais du port.

Le projet des quais consiste, en principe, à gagner sur la mer, au pourtour de la baie, une bande de terrain d'une centaine de mètres de largeur : à border ces terre-pleins par des quais dont on augmente le développement au moyen d'un certain nombre de traverses enracinées normalement à la ligne circulaire des murs de rive.

On réalisera ainsi environ 3,000 mètres de quais accostables.

On draguera d'ailleurs partout où cela sera nécessaire pour que les navires trouvent toujours 7^m,5o au moins de profondeur d'eau, suivant la destination des quais.

Ces dragages sont estimés à environ 3,000,000 de francs.

Il ne faut pas perdre de vue qu'il ne s'agit que de projets en cours d'exécution, poussés, il est vrai, avec une très grande activité; mais au mois de septembre 1883 aucun ouvrage n'était encore terminé, aucun quai n'était aménagé et à plus forte raison exploité.

On se ferait une idée très inexacte de l'importance de Gênes si l'on n'envisageait que la petite place qu'elle occupe sur une partie restreinte de sa baie.

En réalité Gênes est le centre commercial d'une zone maritime très étendue qu'on appelle la « *rivière de Gênes* » et où prospèrent des industries de toute espèce.

Il y a longtemps que Gênes a franchi l'étroite frontière qui l'enserre.

L'arsenal de la Darsena avait transporté ses chantiers de construction vers l'est, à l'embouchure du torrent le Bisagno.

Ces chantiers, dits de « la Foce » ont été cédés à la ville en même temps que l'arsenal.

Le chemin de fer a établi sa gare la plus importante de petite vitesse et de triage à l'ouest de Gênes, à Sampierdarena, faubourg populeux et industriel.

La ligne du littoral traverse toute la ville en souterrain et lui donne issue vers l'est et vers l'ouest.

RENSEIGNEMENTS SUR LES NOUVEAUX TRAVAUX DU PORT.

Les travaux du port de Gênes ont été conçus et sont exécutés d'après les principes adoptés à Marseille; aussi nous bornerions-nous à cette simple mention si les jetées n'offraient deux particularités intéressantes.

La première consiste dans l'emploi, comme enrochement, d'énormes blocs naturels; la seconde dans l'arrimage des blocs artificiels de défense des talus extérieurs des jetées.

Ordinairement le volume des plus gros enrochements employés dans les jetées ne dépasse pas 3, 4 ou 5 mètres cubes, les chantiers n'étant pas organisés pour en manœuvrer de plus forts.

A Gênes on en a employé qui atteignaient jusqu'à 30 mètres et, comme leur poids est de 2,700 à 3,000 kilogrammes par mètre cube, ces énormes masses pesaient de 80 à 90 tonnes; on a même immergé un bloc de 127 tonnes.

On sait que dans les travaux de jetées si la grandeur des matériaux est nécessaire, leur densité ne l'est pas moins; or un bloc naturel est toujours plus lourd, à volume égal, qu'un bloc artificiel composé des mêmes matériaux; l'emploi de très gros blocs naturels est donc parfaitement rationnel.

Et ce qui est au moins aussi remarquable que la grandeur de ces masses, c'est le caractère primitif des moyens adoptés pour leur transport de la carrière au lieu d'embarquement.

Les blocs sont couchés sur des cadres en bois dont les longrines sont suiffées à leur partie inférieure.

Ces cadres sont traînés par un attelage de bœufs sur des voies en pente formées de longues traverses presque jointives, suiffées à leur partie supérieure.

Quelques coups brusques de leviers donnés de temps en temps, tantôt d'un

côté, tantôt de l'autre du cadre, suffisent pour le maintenir entre les longrines qui le guident sur la voie où il glisse.

Le profil de la grande jetée Ouest est donné par la planche V. On voit
que le sommet du talus extérieur est défendu par des blocs superposés régulièrement.

Quand on sait les difficultés qu'on éprouve pour placer simplement pêle-
mêle les blocs artificiels sur le talus extérieur d'une jetée on éprouve déjà
quelque étonnement de ce qu'on ait pensé à les arrimer; mais cet étonnement redouble quand on constate avec quel succès on est parvenu à réaliser
cette idée.

Les assises se rapprochent remarquablement de l'horizontalité et n'offrent
que de longues inflexions peu sensibles; les arêtes des blocs dessinent des
lignes presque exactement droites sur de grandes longueurs.

La jetée ainsi construite a, jusqu'ici, parfaitement résisté aux plus violentes tempêtes et notamment à celle du 10 mars 1883, où l'on a observé
des lames d'une hauteur totale de 6^m,40 au large, de 7 mètres le long de la
jetée, par des profondeurs d'eau de 23 à 28 mètres, et qui, en se brisant,
projetaient leur écume jusqu'à 15 mètres au-dessus de la mer.

Ce résultat est d'autant plus rassurant que la plate-forme n'est encore ara-
sée qu'à 2^m,75, au maximum, au-dessus de la mer et qu'elle doit être sur-
montée plus tard d'un rang double de blocs de 2 mètres de hauteur, ce qui
en augmentera beaucoup la stabilité.

Quelques blocs ont été cependant déplacés pendant la tempête du 10 mars,
mais ce sont ceux qui se trouvaient à la tête d'avancement de la plate-forme
vers le large et qui, par suite, n'étaient pas encore contre-butés ni coincés par
d'autres blocs. Cet incident n'infirme donc pas la valeur du système.

Les ingénieurs attribuent le succès des blocs arrimés à l'étroitesse des joints
qui ne permet pas que le choc des lames y détermine de violentes sous-pres-
sions.

Quelle que soit la valeur de cette explication très plausible, le fait n'en subsiste pas moins avec un véritable caractère d'intérêt et de nouveauté.

DES QUAIS.

Lors de notre visite, en septembre 1883, aucune partie des nouveaux quais
n'était encore complètement achevée et les projets définitifs de leur aménagement ne paraisssaient même pas définitivement arrêtés.

Nous ne pouvons donc fournir sur les dispositions de ces ouvrages que des indications générales très sommaires.

La construction des murs en blocs superposés n'a offert aucune particularité digne de remarque. On. s'est efforcé de donner à la plate-forme des terre-pleins des quais de rive une largeur de 80 à 100 mètres.

La zone la plus rapprochée de l'arête des murs est occupée, sur une largeur de 30 mètres environ, par des hangars et par les voies ferrées desservant ces hangars.

Au delà se trouve une voie charretière dont la largeur, assez réduite en certains points, peut atteindre, en d'autres, jusqu'à 25 et 30 mètres.

En arrière de la voie charretière se développent les voies ferrées principales de circulation.

Une station maritime sera établie devant les magasins généraux actuels, situés au pied de la Via-Milano, à peu près à mi-distance entre San-Benigno et la Darsena.

Les traverses les plus grandes ont 100 mètres de largeur.

Cette dimension de 100 mètres est divisée en trois bandes à peu près égales, dont celles de rives sont occupées par les hangars et leurs voies ferrées, la partie centrale par une voie charretière et quelques voies de fer.

Les hangars auront généralement une largeur de 20 à 25 mètres, qui paraît convenable; leur plancher doit être à la hauteur de la plate-forme des wagons; bien que, dans certains ports où le camionnage est très actif comme à Gênes, on préfère quelquefois laisser les voitures pénétrer sous les hangars.

Les voies des traverses ne sont accessibles aux wagons qu'au moyen de plaques tournantes; M. Luiggi, un des ingénieurs du port, qui a étudié et connaît bien les docks anglais, regrette cette combinaison, mais il paraît que la disposition des lieux la rendait inévitable.

Il existe, à Gênes, une commission analogue à celle que nous avons signalée à Anvers pour l'étude des questions relatives à l'exploitation des quais.

Cette commission comprend des représentants du service des travaux, de la capitainerie du port, de la municipalité, de la chambre de commerce et du chemin de fer.

Elle se réunit aussi souvent que cela est nécessaire, sur la proposition d'un quelconque des services intéressés. Elle examine, propose et quelquefois décide, au fur et à mesure de l'avancement des travaux, les dispositions les plus convenables à adopter pour l'aménagement des nouveaux quais; elle donne

11

son avis sur les plaintes et les réclamations du public au sujet de ces ouvrages, etc., etc.

Cette organisation paraît rendre de bons services.

Le dernier règlement du port de Gênes a fait l'objet d'un décret du Ministre de la marine, en date du 7 décembre 1881 ; il est en vigueur depuis le 1er janvier 1882.

Bien que très récent, ce règlement est encore incomplet, notamment en ce qui concerne la police et l'usage des nouveaux quais. On se borne à pourvoir aux exigences du moment par des prescriptions ministérielles provisoires, rendues le plus souvent sur la proposition du capitaine de port et qui seront coordonnées et codifiées plus tard.

Cette façon de procéder a l'avantage de résoudre successivement, et de la manière la plus conforme aux convenances locales, les nombreuses et graves questions que l'on rencontre toujours quand il s'agit de modifier des habitudes commerciales séculaires.

Le règlement du pilotage pour le port de Gênes, édicté par un décret royal du 25 octobre 1881, est en vigueur depuis le 1er janvier 1882. Ce règlement n'a fait que préciser les obligations de l'antique corporation des pilotes de Gênes, association très démocratique dont les statuts ne sont pas publiés.

Ce règlement porte :

ARTICLE PREMIER. Le corps des pilotes ne comprendra que quinze membres, y compris le chef pilote.

Il fournit une caution de 2,000 francs.

(En fait il y a actuellement dix-huit pilotes, mais le nombre en sera réduit successivement à quinze par décès ou retraites.)

ART. 2. Le pilotage est facultatif à l'entrée et à la sortie pour les navires de toute nationalité.

(Les navires à voiles ou à vapeur qui ne viennent pas fréquemment à Gênes prennent presque toujours le pilote dont la présence leur est surtout nécessaire pour le mouillage à l'arrivée et pour le dérapage au départ.)

ART. 3. Tarif.

Pour tout bâtiment tirant jusqu'à 3 mètres d'eau, 35 francs pour le pilotage de jour, et 40 francs la nuit.

Pour tout mètre en plus de tirant d'eau, 20 francs le jour et 21 francs la nuit.

Art. 4. Les fractions de mètre (au delà de 3 mètres) se calculent par quart de mètre ($0^m,25$).

Art. 5 et 6. Les pilotes devront avoir constamment en service un bateau à vapeur, de 18 mètres de longueur au moins, muni d'une machine d'au moins 40 chevaux nominaux.

(Ils en auront, en fait, bientôt deux.)

Art. 7. Les pilotes devront aller prendre ou conduire le navire à un mille au moins de la tête des jetées.

(Autrefois les pilotes n'allaient pas au delà de la tête des jetées; les capitaines des navires anglais se sont plaints de ce que le service ainsi rendu était tout à fait insuffisant et hors de proportion avec le prix du pilotage.)

Art. 10. Les pilotes peuvent aller jusqu'à 6 milles du port et donner la remorque aux navires arrivants ou partants, mais seulement dans le cas où ces navires sont en péril, ce qui sera reconnu par le capitaine du port.

(On a l'intention de les autoriser et même de les forcer à aller jusqu'à 10 milles. En principe les pilotes ne doivent jamais donner la remorque parce que leur unique vapeur actuel doit toujours être disponible pour le service du pilotage.)

On estime qu'un pilote peut gagner jusqu'à 3,000 francs par an.

La corporation alloue des secours et des pensions à ceux de ses membres qui deviennent incapables de faire leur service, aux veuves et aux orphelins des pilotes décédés.

Rien d'important ne se fait dans l'association sans une délibération et une décision préalable prise en assemblée générale des pilotes.

REMORQUAGE.

Le remorquage est libre.

On ne compte pas moins de trente-quatre petits bateaux à vapeur qui se livrent à cette industrie.

Ce grand nombre de remorqueurs est indispensable pour les mouvements des allèges dans le port. Les constructeurs de navires et les propriétaires d'allèges possèdent la plus grande partie de ces bateaux; quelques-uns en ont jusqu'à quatre ou cinq.

Il n'y a pas de tarif.

Quand un voilier demandant la remorque est signalé au large, les bateaux

vont à sa rencontre, comme une volée de mouches, suivant l'expression pitto-
resque du capitaine de port; on parlemente, on discute de bord à bord, enfin
grâce à la concurrence on arrive toujours à conclure un marché à peu près
raisonnable avant d'accepter ou de donner la remorque.

Les prix varient suivant le tonnage des navires, leur éloignement de la côte,
selon qu'ils entrent ou sortent; ils varient aussi avec l'état de la mer, etc.
On peut admettre que le remorquage d'un navire à voiles de 500 à 600 tonneaux, à la sortie du port, coûte en moyenne de 80 à 100 francs.

Lorsque, dans certains cas de force majeure, un capitaine est obligé d'accepter les services du premier remorqueur qui se présente, si les prétentions
de celui-ci paraissent abusives le capitaine du navire a la ressource de s'en remettre à l'appréciation du capitaine de port, que les remorqueurs acceptent
presque toujours volontiers comme arbitre.

M. Ruggiero, capitaine du port de Gênes, nous a fait observer que le bas
prix ordinaire du remorquage tient à l'extrême économie avec laquelle navi-
guent ces petits bateaux à vapeur qui n'ont pour tout équipage qu'un patron,
un chauffeur et un mousse.

Mais par suite de ce fait même les règlements maritimes s'opposent à ce que
les remorqueurs puissent aller au delà d'une très petite distance du port.

Pour franchir la limite qui leur est imposée, ils devraient avoir un capitaine,
un mécanicien, des matelots; les dépenses absorberaient alors tous les bénéfices du remorquage, quand même on le ferait payer plus cher.

Il serait au contraire dans les intérêts de Gênes que les remorqueurs actuels pussent desservir les ports voisins et on espère leur faire obtenir cette
autorisation.

M. Ruggiero voudrait même, dans l'intérêt de la marine italienne, que tous
les navires de commerce, en général, pussent simplifier leur équipage régle-
mentaire.

Ceci nous amène à mentionner l'impression que nous avons rapportée de
quelques conversations avec des marins et armateurs.

On paraît trouver assez lourds les impôts sur la navigation.

En principe, les navires italiens doivent payer l'impôt sur le revenu, mais,
en fait, ils payent un certain quantum de leur valeur assurée, ce quantum
varie d'après leur âge.

Jusqu'à six ans ils sont taxés à raison de 3 p. o/o de la prime d'assurance; de
six à douze ans, à raison de 2 p. o/o; au delà de douze ans, de 1 p. o/o seulement.

En outre l'État perçoit sur la prime d'assurance, tant de la coque que des marchandises, un impôt d'environ 1 p. 0/0.

Enfin les chambres de commerce sont autorisées par la loi à prélever à leur profit une taxe qui peut atteindre 50 p. 0/0 de ce dernier impôt. La chambre de commerce de Gênes perçoit le maximum légal.

CONSTRUCTION ET RÉPARATION DES NAVIRES.

CONSTRUCTION.

L'industrie des constructions navales est nulle dans la baie de Gênes proprement dite, parce que l'espace qui lui serait nécessaire y fait absolument défaut; mais elle est développée sur la rivière de Gênes, notamment à Sestri-Ponente.

Toutefois, on ne construit guère que des navires en bois sur les chantiers de la rivière.

En 1882 on en a lancé cinq à Sestri-Ponente, jaugeant ensemble 2,074 tonneaux.

La compagnie italienne de navigation « Florio Rubattino », qui a déjà plus d'une cinquantaine de navires à vapeur et dont Gênes est le port d'attache, a commandé ses bâtiments en Angleterre, dans les chantiers de la Tyne.

On construit cependant de petits bateaux à vapeur dans les chantiers de la Foce, situés à l'est de Gênes, à l'embouchure du torrent le Bisagno. En 1882 on en a fait quatre, jaugeant ensemble 88 tonneaux.

RÉPARATION.

Il existe à Gênes trois appareils de radoub : un bassin, une forme flottante et une cale de halage.

Ces engins paraissent insuffisants comme nombre, car ils sont pour ainsi dire toujours occupés; et, en tout cas, ils le sont certainement comme dimensions.

On projette de construire dans le nouvel avant-port des bassins de radoub pouvant recevoir les plus grands vapeurs; les études n'en sont pas encore faites.

BASSIN DE RADOUB (ACTUEL).

Le bassin de radoub, contigu à la Darsena, a été cédé par l'État à la ville de

Gênes en même temps que l'arsenal, dont il était une dépendance. La ville l'exploite en régie.

Il ne peut recevoir que des navires dont la longueur n'excède pas 91 mètres.

Jusqu'au mois de mai 1882, le service du bassin était assuré au moyen de forçats qu'on a remplacés, à cette époque, par une escouade de dix ouvriers choisis exclusivement parmi les gens de mer régulièrement inscrits.

TARIF.

		DROITS FIXES POUR FRAIS de plongeurs et d'épontillage par navire.	PAR JOUR ET PAR TONNEAU.	
			1er jour.	Jours suivants.
		francs.	fr. c.	fr. c.
Vapeurs.	Jusqu'à 400 tonneaux..........	70	0 80	0 40
	Au-dessus de 400 tonneaux......	100	0 40	0 20
Voiliers..	Jusqu'à 250 tonneaux..........	70	0 50	0 50
	Au-dessus de 250 tonneaux	80	0 25	0 25

Le bassin de radoub a reçu :

	EN 1881.	EN 1882.
	Nombre.	Nombre.
Navires { à vapeur.............................	41	49
{ à voiles............................	52	47
Matériel flottant divers.........................	19	33
TOTAUX......................	112	129

En 1882 { les recettes brutes ont été de................... 95,286f
{ les dépenses ont été :

Pour charbon, huile, suif, etc., environ. 14,300f
Pour réparations à la machine......... 1,297
Pour personnel et divers............. 22,613

TOTAL des frais d'exploitation proprement dite............. 38,210 }
Pour l'impôt sur la richesse mobilière............... 2,749 }   } 45,740
Pour l'impôt sur les constructions................ 4,781 } 7,530 }

RESTE bénéfice net.............. 49,546

Le bassin ne semble pas représenter une valeur de plus de 1,500,000 francs.

La forme flottante peut recevoir des navires de 110 mètres de longueur; elle a été construite pour soulever des navires de 4,000 tonnes de déplacement, mais il paraît qu'actuellement elle ne soulève même pas des navires de 3,000 tonnes.

La forme appartient à un établissement de crédit de Gênes, nommé la « Cassa Maritima ».

TARIF.

	DROIT FIXE PAR NAVIRE.	PAR JOUR ET PAR TONNEAU.	
		1er jour.	Jours suivants.
	francs.	fr. c.	fr. c.
Vapeurs...........................	150	0 50	0 35
Voiliers..........................	100	0 50	0 35

Le tonnage des vapeurs comprend l'espace occupé par les soutes à charbon, les chaudières et les machines.

Les navires de moins de 500 tonneaux payent pour 500 tonneaux.

Les marchandises ou le lest laissés à bord sont exempts de droits, si leur poids ne dépasse pas 30 p. o/o du tonnage du navire.

La forme peut recevoir deux petits navires à la fois; dans ce cas le tarif est réduit de 20 p. o/o et le tonnage minimum est abaissé à 400 tonneaux. Le navire qui a terminé le premier ses réparations cesse de payer la taxe à partir du jour où il aurait pu reprendre la mer.

Si nous avons bien compris les renseignements qui nous ont été donnés, il paraît que l'on obtient des prix notablement réduits quand on contracte des abonnements pour un matériel flottant de quelque importance.

En 1882, la forme flottante a reçu 43 vapeurs et 158 voiliers.

CALE DE HALAGE.

La cale de halage est située près du Mandraccio, le long et sous l'abri du vieux môle.

Elle ne peut recevoir que les navires dont la quille n'a pas plus de 45 mètres de longueur.

Elle appartient à une société privée.

TARIF.

	DROIT FIXE PAR NAVIRE.	PAR JOUR ET PAR TONNEAU.	
		1er jour.	Jours suivants.
	francs.	fr. c.	fr. c.
Vapeurs...........................	100	0 50	0 40
Voiliers...........................	100	0 40	0 30

Tonnage minimum : 250 tonneaux.

En 1882, il a été admis sur la cale un nombre de navires à peu près égal à celui des entrées au bassin de radoub de la Darsena, mais représentant naturellement un tonnage beaucoup moindre.

En 1882 il est entré à Gênes (voir la Statistique) :

NOMBRE.

Navires à voiles	de navigation internationale......	783	3,419
	de cabotage côtier.............	2,636	
Navires à vapeur	de navigation internationale......	1,739	2,299
	de cabotage côtier.............	560	
	TOTAL.....................	5,718	

On peut donc dire, à Gênes, où trois formes sont insuffisantes, qu'il faut plus d'une forme par 1,900 navires à l'entrée. Mais en faisant ce calcul on a compris tous les navires, même les petits voiliers de cabotage côtier dont la plupart ont un tonnage presque insignifiant et qui ne se servent jamais des appareils de radoub.

Si l'on fait abstraction de 2,636 voiliers de cabotage, ce qui ne semble pas exagéré, on arrive à trouver qu'il faut plus d'une forme pour 1,000 navires à l'entrée (vapeurs et voiliers ordinaires). Cette conclusion se rapproche de celle que nous avions tirée d'autres ports, où une forme était jugée nécessaire pour 800 navires à l'entrée.

LESTAGE ET DÉLESTAGE.

L'article 59 du règlement du port de Gênes dit que le lestage est libre; mais en même temps l'article 67 stipule l'établissement de dépôts de lest qui seront concédés à des entrepreneurs ayant des tarifs fixes de façon à assurer, en tout cas, le lestage des navires à des conditions et à des prix connus d'avance.

Il paraît qu'en réalité presque tout le lestage est fait par un seul entrepreneur.

Le prix du lest varie de 1 fr. 80 à 3 francs les 1,000 kilogrammes, mis à fond de cale, suivant la nature des matériaux et la profondeur du navire.

Le lest le meilleur et aussi le plus cher se compose de galets qu'on va chercher, quand le temps le permet, à l'embouchure des torrents Polcevera et Bisagno, près de Gênes.

Pour le délestage de leurs navires, les capitaines payent ordinairement 1 franc en moyenne par tonne de 1,000 kilogrammes.

Aucune opération de lestage ou de délestage ne peut être faite avant que la capitainerie du port en ait été informée et sans qu'on ait pris les précautions d'usage pour empêcher la chute des matériaux dans le port.

MANUTENTION DES MARCHANDISES.

Bien que les nouveaux quais ne soient pas encore complètement installés, plusieurs parties en sont pourtant arrivées à un état d'achèvement tel qu'on pourrait les utiliser.

Dans certains ports, on aurait même eu quelque peine à empêcher le commerce de les envahir. A Gênes il n'en a pas été ainsi et on n'y semble pas avoir hâte de se servir des quais.

Ce sera en effet un changement profond à des pratiques séculaires, que des intérêts influents tendent à maintenir.

Afin de vaincre cette espèce de résistance d'inertie on a tenté un essai.

Un vapeur de la compagnie Rubattino vint se mettre à quai pour y décharger sa cargaison; aussitôt les consignataires protestèrent et demandèrent que leurs marchandises leur fussent livrées sur allèges suivant la coutume. Ils prétendirent que le terre-plein de la traverse, où on voulait les débarquer, n'était pas en état de circulation facile pour les camions, qu'il n'était ni couvert ni gardé, etc.

Et comme on ne tint pas compte de leurs réclamations, ils refusèrent de payer la mise sous palan, qui, à Gênes, s'ajoute au prix du nolis.

Il en résulta des procès et des difficultés telles qu'on semble avoir renoncé provisoirement à renouveler cette expérience.

Les partisans de l'usage des quais prétendent, de leur côté, que le vrai motif de l'opposition des consignataires se trouve dans ce fait qu'ils étaient propriétaires ou associés de propriétaires d'allèges.

Quoi qu'il en soit, on continue à suivre d'une manière à peu près générale les anciens errements, et voici comment les choses se passent aujourd'hui, pour le déchargement, à de très rares exceptions près.

Les navires mouillent sous l'abri du vieux môle; les hommes du bord mettent la marchandise sous palan; les allèges (chiatte) la prennent sous palan et la conduisent à quai; des portefaix la déchargent des chiatte et la mettent à terre; enfin des charrettes la transportent, s'il y a lieu, dans les magasins.

Nous allons examiner successivement chacune de ces opérations.

MISE SOUS PALAN.

La mise sous palan est payée au navire en sus du nolis; le prix en varie avec la nature de la marchandise, on admet qu'il est en moyenne de o fr. 6o cent. par tonne de 1,000 kilogrammes.

CHARGEMENT ET TRANSPORT EN ALLÈGE.

Une allège d'un port de 5o à 6o tonnes se loue de 4 à 5 francs par jour: il faut y mettre deux hommes qu'on paye également 4 ou 5 francs par jour, chacun. Une journée d'allège équipée coûte donc de 12 à 15 francs.

Ce prix est très modéré et, s'il ne venait pas s'y ajouter d'autres frais, il ne serait pas hors de proportion avec les avantages qu'on reconnaît au batelage, à certains points de vue; par exemple, pour le rapide déchargement des navires charbonniers, pour la facile répartition des cargaisons entre les divers destinataires dont les magasins sont souvent situés près de points très différents des quais, etc.

Mais il arrive généralement que la marchandise chargée pendant le jour dans l'allège n'est pas mise à terre le jour même; alors il faut la garder pendant la nuit.

Ce gardiennage coûte de 3 fr. 5o cent. à 4 francs par allège. On prétend que c'est sur ces frais de gardiennage que les propriétaires d'allèges font leur plus gros bénéfice, et on ajoute qu'ils sont tous riches. Tout en faisant payer au négociant un gardien par barque, ils n'en mettent, le plus souvent, qu'un seul par groupe de cinq ou six allèges au moins.

S'il vient à pleuvoir, il faut bâcher et quelquefois interrompre le chargement de l'allège.

Enfin la marchandise court, paraît-il, des risques de différentes sortes sur les chiatte; risques de mouille, d'avaries, de manquants, etc.

En résumé, on estime d'une manière approximative que les frais de toutes sortes auxquels entraîne l'usage des allèges représentent au moins une somme égale au prix de la mise sous palan, soit, en moyenne, o fr. 60 cent. par tonne.

La tonne coûte donc déjà, de ces deux chefs de dépense, environ 1 fr. 20 cent. et elle n'est pas encore mise à terre.

MISE À TERRE. — PORTEFAIX.

Nous parlerons tout à l'heure, avec quelques détails, de l'organisation des portefaix à Gênes; pour le moment nous ne nous occuperons que du prix de l'opération dont ils sont chargés et qui consiste à prendre la marchandise dans les allèges, à la mettre à terre, à la reconnaître et à l'empiler sur le quai.

Les renseignements que nous avons recueillis sur ce prix ne sont pas très concordants, mais nous croyons pouvoir admettre qu'il varie de o fr. 80 cent. pour les charbons à 1 fr. 50 cent., en moyenne, pour les marchandises ordinaires.

CONCLUSION.

Il résulte des chiffres précédents que le débarquement sur quai d'une tonne de marchandise ordinaire coûterait, par les procédés actuels, environ 2 fr. 70, Savoir :

Mise sous palan...	o^f 60^c
Batelage..	o 60
Mise à terre, etc.......................................	1 50
TOTAL...................	2 70

Or il paraît certain que, si les navires accostaient à quai, la mise sur quai ne coûterait pas plus cher que la mise sous palan actuelle, surtout avec l'emploi de grues hydrauliques, soit o fr. 60 cent.

D'un autre côté, la reconnaissance à terre, le roulage, le mesurage ou la pesée, l'empilage, etc., ne semblent pas devoir coûter plus de o fr. 75 cent.

12.

Si l'on admet enfin qu'on fasse payer quelque chose pour l'abri des hangars et le gardiennage de nuit, cette petite taxe ne paraît pas pouvoir excéder o fr. 35 cent.

Le prix total de la tonne atteindrait ainsi 1 fr. 70 cent. à peu près, et, par suite, l'usage des quais produirait une économie, par tonne, d'environ 1 franc.

Il ne paraît donc pas douteux que le commerce finira par abandonner, dans la plupart des cas, le système du batelage; mais on conçoit que les propriétaires de chiatte ne fassent rien pour hâter ce moment.

Le capital engagé dans les allèges et leurs remorqueurs doit être très considérable; on dit qu'il n'y a pas moins de 1,200 embarcations de service dans le port de Gênes et qu'elles occupent le quart de la surface du mouillage. Il est certain que les parties les mieux abritées du port en sont presque encombrées.

La population de marins qui fournit les équipages des chiatte est aussi intéressée au maintien, le plus longtemps possible, de la situation actuelle.

Enfin on prétend que le batelage facilite la contrebande.

On s'explique ainsi que le commerce de Gênes n'ait pas mis, jusqu'ici, beaucoup d'empressement à se servir des quais.

DES PORTEFAIX.

Les corporations de portefaix sont fortement organisées à Gênes et, du reste, les associations ouvrières semblent plus développées en Italie que partout ailleurs.

Nous avons déjà eu l'occasion de citer l'antique compagnie des pilotes de Gênes, nous allons voir maintenant un autre exemple d'une société au moins aussi ancienne, connue sous le nom de « caravane ».

L'attention a été appelée récemment sur son organisation par une grève qui s'est produite vers le commencement de 1883.

A cette occasion, M. de Vaux, consul général de France, a présenté, le 21 mai 1883, un rapport très intéressant dont nous extrayons les indications suivantes :

A une époque reculée, mais qui n'est pas bien déterminée, les habitants d'une commune du pays de Bergame ayant eu l'occasion de rendre quelques services à la république de Gênes, obtinrent le privilège de se constituer en une corporation de portefaix du port sous la dénomination de *carovana* (caravane).

Ce privilège fut renouvelé en 1795 et reconnu par lettres patentes en
1830.

Nous avons pu consulter le dernier règlement de la caravane, approuvé le
7 juillet 1865 par le Ministre des finances.

Il nous paraît intéressant d'en donner quelques extraits.

ARTICLE PREMIER. A la caravane est réservée la manutention des marchandises au port franc et dans les locaux dépendant de la douane.

ART. 3. Le nombre de ses membres est fixé à trois cents.

ART. 8. Elle est placée sous la dépendance de la chambre de commerce,
qui doit agir en tout et toujours d'accord avec le directeur de la douane.

ART. 11. Elle est régie par un « consul » assisté de quatre chefs d'escouade
pour la direction générale du travail et d'autant de chefs d'escouade spéciaux
qu'il y a d'escouades formant la caravane.

Il y a, en outre, quatre percepteurs.

ART. 12. Le consul, les chefs d'escouade et les percepteurs sont nommés
par la caravane au scrutin secret et à la majorité des voix; ils ne sont nommés
que pour un an, mais ils sont toujours rééligibles.

Est considérée comme nulle l'élection de tout membre ne sachant pas lire,
écrire et tenir des comptes.

ART. 14. La chambre de commerce ou la douane peut annuler l'élection
de membres ne lui inspirant pas une confiance suffisante, mais ceux-ci sont
remplacés par les membres qui ont obtenu le plus de voix après les premiers.

ART. 15. Le consul et les quatre chefs d'escouade adjoints dirigent, administrent et représentent l'association. Ils ont droit de prendre des auxiliaires
étrangers à la caravane, comme portefaix de renfort, en cas de presse. (*Ces
auxiliaires sont pris chaque jour, par voie de tirage au sort, dans une catégorie
spéciale de portefaix dite « sbanduti ».*)

ART. 24 et suivants. Il existe une caisse de secours pour les membres ma-
lades, les veuves et les orphelins et une caisse de retraite pour les membres
invalides ayant trente ans de service.

L'allocation est, en général, et sauf exceptions, égale aux deux tiers du
salaire d'un homme en activité.

ART. 29. La caravane est responsable des avaries et manquants constatés dans les marchandises pour lesquelles elle a le privilège de la manutention. Elle fournit une caution de 10,000 francs.

Elle constitue, en outre, une masse ou réserve dont la quotité est réglée à raison de 300 francs au maximum par membre et qui sert, entre autres objets, à subvenir à des besoins urgents ou imprévus.

Art. 46. Le consul et les chefs d'escouade peuvent avoir une solde plus élevée que celle des autres membres, mais l'excédent ne doit pas dépasser la moitié du salaire ordinaire d'un portefaix.

Art. 48. Les délibérations d'une certaine gravité sont toujours prises à la majorité des voix, dans des réunions spéciales où sont appelés tous les chefs d'escouade.

La caravane de la douane et du port franc n'est pas la seule association de portefaix qui existe à Gênes; à l'imitation de celle-ci on a formé une corporation pour la manutention des bagages visités en douane; la Ville en a également une pour le service des magasins de la Darsena qui lui appartiennent.

Mais ce n'est pas tout, les compagnies de navigation, les armateurs, les grands négociants emploient à peu près toujours les mêmes portefaix pour leurs opérations, on appelle ceux-ci des « *abonnés* ».

L'abonné est payé 5 francs par jour, et sa journée entière lui est due s'il est embauché avant midi à quelque heure de la matinée qu'on le prenne.

Les portefaix ordinaires sont recrutés pour le compte des négociants par des intermédiaires nommés « *confidenti* » qui prélèvent, paraît-il, une redevance de un cinquième sur le salaire des hommes qu'ils ont engagés.

Ces portefaix ordinaires employés au débarquement des marchandises sont payés à raison de o fr. 15 cent. les 100 kilogrammes (1 fr. 50 cent. la tonne de 1,000 kilogrammes), quelle que soit la nature de la marchandise. Mais pour le débarquement des charbons il y a des portefaix spéciaux et ceux-ci sont payés à raison de o fr. 80 cent. par tonne.

On estime que les hommes employés à la manutention des marchandises sur le port gagnent au moins 5 francs par jour, tandis que pour les chantiers des travaux on trouve assez facilement des manœuvres à 3 francs et même à 2 fr. 50 cent. par jour.

La manutention des marchandises ne paraît donc pas devoir être très bon marché à Gênes et cette impression semble confirmée par les prix du tarif de la caravane de la douane et du port franc.

En voici quelques exemples.

ARTICLE PREMIER. Débarquement à quai, transport à terre, mise en dépôt en un point ou dans un magasin quelconque du port franc, o fr. 25 cent. par quintal de 100 kilogrammes, soit 2 fr. 50 cent. par tonne de 1,000 kilogrammes.

ART. 2. Transport d'un point ou d'un magasin à un autre, par quintal o fr. 25 cent., par tonne 2 fr. 50 cent.

ART. 6. Prise dans les magasins, transport au point d'embarquement à quai, par quintal o fr. 25 cent., par tonne 2 fr. 50 cent.

On paye généralement : — Le pesage, o fr. 50 cent. par tonne;

Le chargement ou le déchargement sur wagon, o fr. 40 cent. par tonne;

Le chargement ou le déchargement sur charrette, o fr. 80 cent. par tonne.

On regrette vivement, à Gênes, que la douane ne fonctionne que de 9 heures du matin à 4 heures du soir et qu'elle interrompe son service les dimanches et jours fériés; mais nous n'y avons pas entendu formuler de plainte contre la caravane de la douane et du port franc; il y a donc lieu de croire qu'on en est, en somme, satisfait et que, si ses prix sont un peu élevés, elle offre, par contre, certaines garanties qu'on n'estime pas payer ainsi trop cher.

Cependant nous avions recueilli à Naples, en 1880, une impression toute différente d'une conversation avec un membre de la chambre de commerce de cette ville.

Jusqu'en 1872 ou 1873 il n'y avait pas de caravane à Naples et il paraît que la douane avait alors à payer de nombreuses indemnités pour pertes et avaries de colis. A cette époque, la douane, pour couvrir sa responsabilité, obtint du Gouvernement la création d'une corporation de quatre cents portefaix associés.

Le commerce protesta contre cette organisation et fit observer que tout monopole de ce genre a pour résultat que les privilégiés travaillent quand et comme ils veulent; mais ce fut en vain.

On prétend, à Naples, que pour être bien et promptement servi, il faut donner aux portefaix de la douane des gratifications, formellement interdites il est vrai, en principe, par le règlement, mais qui, en fait et en pratique, sont une charge inévitable s'ajoutant aux frais d'un tarif très élevé.

En présence de la forte organisation des associations de portefaix à Gênes, on peut se demander s'il n'y aura pas là une cause d'empêchement à la facile adoption des engins mécaniques dans la manutention des marchandises, de même que la puissance du batelage est un obstacle pour l'accostage à quai.

GRUES.

Le port de Gênes est encore insuffisamment pourvu de grues.

Le conseil supérieur des travaux publics a, paraît-il, récemment autorisé les chemins de fer de la haute Italie à placer sur les nouveaux quais des grues hydrauliques ; mais le projet de cette installation n'était pas encore définitivement arrêté à l'époque de notre visite.

Le plus grand nombre des grues actuelles sont à bras, de faible force et nous ont paru assez peu employées.

L'État a cédé à la chambre de commerce les grues qu'il possédait à Gênes, ou plutôt il lui en a cédé la jouissance, moyennant un loyer nominal de 100 francs par an.

La chambre de commerce en a fait établir elle-même quelques-unes, de sorte qu'elle dispose en totalité d'une vingtaine de grues fixes, tant à bras qu'à vapeur.

Elle loue toutes ses grues à deux portefaix qui ont formé une société avec les autres portefaix du port.

Les deux concessionnaires payent à la chambre de commerce un loyer nominal de 100 francs par an, et ils ont déposé en outre un cautionnement de 3,000 francs ; ils assurent à leurs frais l'entretien des grues.

Si les concessionnaires ne remplissent pas les obligations qui leur sont imposées, la chambre de commerce a le droit de reprendre ses grues dans un délai de quinze jours.

Une des grues de la chambre de commerce est du type des anciens appareils Armstrong à faible pression d'eau ; elle est installée au port franc et sert aux portefaix de la caravane ; sa force théorique est de une tonne et demie sous une pression de 8 atmosphères ; sa puissance pratique actuelle n'est plus, paraît-il, que de une tonne, par suite de la détérioration résultant d'un long usage.

Le chemin de fer possède deux grues à vapeur sur les quais qu'il exploite ; ces deux grues, presque toujours en activité, rendent de grands services, tandis que deux grues à bras installées également sur les mêmes quais restent à peu près inutilisées.

Enfin la ville a acquis de l'État une ancienne machine à mâter, presque hors de service, installée au vieux môle ; elle l'a remise en état de fonctionnement ; et cet appareil peut servir à soulever des poids de 20 tonnes au maximum.

Nous n'avons pu nous procurer les tarifs d'usage d'aucune de ces grues.

STATIONNEMENT DES MARCHANDISES SUR LES QUAIS.

L'article 103 du règlement du port stipule que :

« Les marchandises peuvent rester sur les quais pendant trois jours après leur débarquement, sans avoir aucun droit à payer. Elles ne peuvent y séjourner plus longtemps sans une autorisation spéciale du capitaine du port. »

Cette autorisation est accordée pour un temps limité, de dix à vingt jours au plus, et moyennant un droit de stationnement dit d'« *ostellagio* », payable par mètre carré de la surface occupée.

Le prix moyen du droit d'ostellagio est d'environ 50 centimes par mètre carré, pour une durée de dix jours.

S'il s'agit d'une plus longue occupation, le capitaine du port examine chaque cas particulier avec les ingénieurs du service maritime et fixe le prix d'après les circonstances de l'affaire.

Quand le port sera complètement achevé, les taxes pour le stationnement sur les quais seront revisées ; celles qu'on applique aujourd'hui résultent d'arrêtés ministériels provisoires.

TRANSPORT DES MARCHANDISES À TERRE.

CAMIONNAGE.

Tous les transports en ville se font par des charrettes appartenant, en général, aux négociants qui s'en servent ; cependant il y a des camionneurs qui louent des voitures à la journée ou font des transports au poids.

Nous n'avons pu nous procurer de renseignements sur les prix qu'ils font ordinairement payer.

TRANSPORTS PAR VOIES FERRÉES.

Gênes est desservie par deux chemins de fer principaux : 1° celui du littoral

qui la met, vers l'ouest, en communication avec le midi de la France; vers l'est et le sud, avec l'Italie centrale et méridionale; 2° celui d'Alexandrie qui la met, vers le nord, en communication avec la haute Italie et les passages des Alpes conduisant en France, en Suisse et en Allemagne.

La voie d'Alexandrie est de beaucoup la plus importante au point de vue de la concurrence avec Marseille pour le commerce de transit, mais elle n'est pas d'une exploitation économique.

On y trouve des pentes de 35 millimètres et un tunnel, très mal aéré. On étudie, paraît-il, une rectification du passage le plus difficile.

Les voies ferrées ne peuvent accéder, à Gênes, que par des souterrains percés dans l'amphithéâtre de hautes collines qui entourent la baie de toutes parts, du côté de terre.

La véritable gare de petite vitesse est à Sampierdarena, en dehors mais à proximité de Gênes.

De la gare de Sampierdarena se détachent deux lignes, l'une aboutissant à la gare de la grande vitesse, située en ville, à Porta-Principe, c'est la gare proprement dite de Gênes, on y fait aussi de la petite vitesse. La seconde ligne débouche par un souterrain sur les quais du port à San-Benigno, près de l'enracinement du môle neuf, c'est-à-dire à l'extrémité du port la plus éloignée du centre commercial qui est situé entre la Darsena et le Mandraccio.

De San-Benigno les rails se développent sur tout le pourtour des quais jusqu'au Porto franco. Il en résulte que les wagons devant venir au port ont un long parcours à faire sur des lignes d'une exploitation assez peu commode.

La portion de voie établie dans la rue étroite de Carlo Alberto, entre la Terrasse de marbre, d'un côté, et une voie charretière des plus fréquentées, de l'autre, peut être considérée comme un type de passage des plus embarrassants et des plus encombrés; cependant on y voit circuler des locomotives sans que les accidents y aient plus de fréquence ni plus de gravité qu'ailleurs.

Cet exemple prouve au moins qu'une pareille solution de tracé et d'exploitation est admissible, ne fût-ce qu'à titre provisoire, dans des circonstances analogues et que ses avantages sont, en définitive, bien supérieurs à ses inconvénients.

Toutefois on ne se dissimule pas, à Gênes, ce qu'une semblable situation a de défectueux et on s'occupe d'y remédier.

On doit établir devant les magasins généraux actuels, près de la via Milano, dans les terrains conquis sur la mer, une gare maritime à laquelle un nouveau souterrain donnera un accès spécial.

On considère d'ailleurs comme inévitable la démolition plus ou moins prochaine de la Terrasse de marbre, où l'on se borne, en ce moment, à pratiquer deux brèches pour le passage des voies ferrées.

En Italie, les transports se payent d'après la longueur réelle du parcours, il en résulte que les marchandises; prises ou amenées dans les stations des quais, ont à supporter des taxes calculées d'après leurs destinations ou leurs provenances.

Les trois stations principales des quais sont actuellement : la première, à San-Benigno; la seconde, dite de Santa-Limbania, près de la Darsena; la troisième, au Port franc.

MAGASINAGE.

Il n'existe pas à Gênes de magasins généraux délivrant des warrants.

La plupart des négociants ont leurs magasins particuliers.

Un très grand nombre de ces magasins privés se trouvent concentrés dans l'enceinte du groupe de constructions connu sous le nom de Port franc.

Il y a cependant un magasin public près de la Darsena et un autre, au pied et le long de la via Milano, qu'on appelle les Magasins généraux. Ces deux établissements appartiennent à la ville de Gênes.

La chambre de commerce, propriétaire d'une partie des locaux du Port franc, admet aussi le public à déposer des marchandises dans les emplacements dont elle dispose.

Enfin il existe, à Sampierdarena, trois établissements privés principaux qui se livrent à l'industrie du magasinage.

Mais Gênes offre cette particularité qu'un grand nombre d'allèges servent de magasins flottants.

Nous allons donner quelques renseignements sur ces divers magasins, d'après les informations que nous devons à l'obligeance de M. Fieuzet, du consulat général de France. M. Fieuzet nous a fourni, en outre, beaucoup de documents précis sur toutes les questions intéressant le port de Gênes.

MAGASINS DE LA DARSENA.

Les magasins de la Darsena se composent de tous les locaux de l'ancien arsenal maritime.

La superficie du sol des magasins est d'environ 23,000 mètres carrés.

Les constructions, comprenant un nombre variable d'étages, sont assurées pour une valeur de 3,000,000 de francs.

Les magasins sont exploités en régie par la ville.

Le conseil municipal avait pensé qu'il conviendrait d'en confier l'exploitation à un entrepreneur, mais cette combinaison, qui n'avait pas la faveur du public, n'a pu aboutir.

RÉSULTATS DE 1882.

Existant en magasin au commencement de 1882.......... 12,436 tonnes.
Entrées en magasin pendant l'année................... 38,515

              TOTAL 50,951
Sorties pendant l'exercice........................... 44,322

              RESTE en magasin, fin 1882........... 6,629

Droits perçus en 1882............................. 169,805 francs.
Frais d'exploitation........................ 13,103^f ⎫
Prime d'assurance .... 1,474 ⎬ 37,462
Impôt sur les maisons..................... 22,885 ⎭

              RECETTE NETTE................ 132,343

TARIF DU MAGASINAGE.

MARCHANDISES.	UNITÉS de PERCEPTION.	TAXE PAR MOIS.
		fr. c.
Vins en fûts...	Hectolitre.	0 15
Huiles (non volatiles)...................................	100 kilogrammes.	0 20
Café, cacao..	Idem.	0 20
Sucre...	Idem.	0 12
Coton, chanvre..	Idem.	0 15
Grains (blé, maïs, etc.).................................	Idem.	0 12
Fers et fontes (en plaques, barres, etc.)...............	Idem.	0 10
Magasins au rez-de-chaussée.. { Un mois..................	Mètre carré.	1 20
Un trimestre.................	Idem.	3 30
Un semestre.................	Idem.	6 90
Magasins aux étages supérieurs (Un mois.................	Idem.	0 90
(charge maxima 1,200^k par { Un trimestre	Idem.	2 25
mètre carré)........... (Un semestre.................	Idem.	3 75

Toute allège qui pénètre dans le bassin de la Darsena, pour apporter ou prendre des marchandises aux magasins, paye un droit de stationnement de 2 francs par jour.

MAGASINS GÉNÉRAUX.

Les magasins dits « Magasins généraux » ont été construits par la ville, au moyen d'un emprunt de 1,200,000 francs, émis en 1868.

Ces bâtiments ont 600 mètres de long, 25 mètres de large; ils ne comportent qu'un rez-de-chaussée, divisé en 150 compartiments égaux.

Ils étaient primitivement destinés au dépôt des cotons, mais l'humidité, résultant de leur construction presque souterraine, les a fait consacrer surtout à l'emmagasinage des pétroles.

Ils sont exploités aussi directement par la ville.

RÉSULTATS EN 1882.

Existant en magasin au commencement de 1882	847	tonnes.
Entrées en magasin pendant l'année.	3,404	
TOTAL	4,251	
Sorties pendant l'exercice.	3,970	
EXISTANT à la fin de 1882	281	
Droits perçus en 1882.	38,386	francs.
Frais d'exploitation. . . . . 1,719^f		
Prime d'assurance. . . . . 2,543 } 7,980		
Impôt sur les maisons. 3,718		
RECETTE NETTE.	30,406	

TAXES.

Les taxes des magasins, dits généraux, ne sont en moyenne que le tiers de celles de la Darsena; ces magasins sont trop éloignés du centre commercial.

Le pétrole paye 10 centimes par baril et par mois.

En vertu de conventions récentes ils doivent être cédés aux chemins de fer de la haute Italie, au prix de 1,100,000 francs.

C'est près de ces magasins que sera établie la gare maritime principale, projetée.

MAGASINS DE LA CHAMBRE DE COMMERCE, AU PORT FRANC.

Nous avons dit que les locaux compris dans l'enceinte du Port franc sont des magasins privés appartenant à des négociants, qui payent, comme propriétaires, l'impôt immobilier sur les constructions.

·Mais par un de ces arrangements bizarres, résultats d'anciens droits et d'antiques coutumes, la chambre de commerce est propriétaire du sol des corridors, des vestibules, greniers, etc.

Elle loue, comme lieux de dépôt, ces emplacements où les autres négociants, propriétaires de magasins, conservent toutefois le droit de passage.

Voici quelques exemples du tarif.

MARCHANDISES.	UNITÉ de PERCEPTION.	TARIF PAR MOIS.
		fr. c.
Café.. { en sacs.	100 kilogrammes.	0 06
Café.. { en barils	Idem.	0 08
Sucre { en sacs.	Idem.	0 05
Sucre { en barils.	Idem.	0 07
Fer en barre.	Idem.	0 07
Cuivre, acier, étain, zinc.	Idem.	0 15
Laine lavée	Idem.	0 30

MAGASINS PRIVÉS DE SAMPIERDARENA.

Les principaux magasins particuliers de Sampierdarena sont ceux de G.-M. Copello, de G.-B. Carpanetto, et les docks Garibaldi-Copello.

Ces magasins n'ont pas, paraît-il, de tarif public.

Ils prêtent environ les deux tiers de la valeur de la marchandise qu'ils reçoivent en dépôt. G.-B. Carpanetto est en relation avec la « Caisse d'escompte de Gênes » et les docks Garibaldi-Copello sont, depuis peu, une succursale de la « Banque d'escompte de Turin ».

MAGASINS FLOTTANTS.

Les allèges (chiatte), employées au débarquement des marchandises, ne peuvent servir de magasin que pour vingt-quatre heures, c'est un usage constant. Il y a été cependant dérogé à l'époque de la grève des portefaix, et cela, au grand avantage du commerce, qui a pu ainsi au moins décharger les navires dès leur arrivée et ne pas payer des surestaries très onéreuses.

Mais en dehors des allèges de débarquement il en existe d'autres qui servent presque exclusivement de magasins flottants, surtout pour les charbons.

Ces magasins se louent à des prix variables suivant les circonstances, mais généralement assez peu élevés.

Il faut croire que cette industrie répondait à un besoin réel et était très rémunératrice, car le nombre des magasins flottants tendait continuellement à s'accroître et à encombrer les parties les mieux abritées du port. Pour diminuer cet embarras, on a décidé que le nombre des magasins flottants ne pourrait plus être augmenté et que les allèges payeraient un droit de stationnement.

On n'a plus, il est vrai, ajouté de nouvelles allèges, mais on a remplacé les anciennes, à mesure qu'elles devenaient hors de service, par d'autres neuves et d'un plus fort tonnage : le tarif de stationnement est d'ailleurs combiné de telle sorte qu'on ne paye pas beaucoup plus cher pour une coque de 50 tonneaux que pour une de 301 tonneaux.

Voici ce tarif :

	PAR TONNEAU ET PAR AN.
De 1 à 50 tonneaux.....................................	5 francs.
De 51 à 100 tonneaux...................................	4
De 101 à 200 tonneaux	3
De 201 à 300 tonneaux	2
De 301 tonneaux et au-dessus...........................	1

MAGASINS PROJETÉS.

Nous avons entendu dire qu'on projetait de nouveaux magasins généraux et que la chambre de commerce interviendrait dans leur exploitation, mais l'emplacement et la disposition de ces magasins ne paraissaient pas encore arrêtés, lors de notre séjour à Gênes.

La ville a obtenu la concession d'un magasin pour les matières inflammables ou dangereuses, comme le pétrole, par exemple. Ce magasin sera construit à l'enracinement du môle neuf, à San-Benigno, mais vers le large, sur la mer; il n'est pas encore commencé.

STATISTIQUE.

Tous les renseignements qui vont suivre sont extraits de la statistique publiée, en 1883, par la chambre de commerce de Gênes.

Bâtiments entrés en 1882 dans le port de Gênes, pour opérations commerciales :

NAVIGATION INTERNATIONALE.

PAVILLONS.	NAVIRES À VOILES.		NAVIRES À VAPEUR.	
	NOMBRE.	TONNAGE.	NOMBRE.	TONNAGE.
Italien	578	184,092	571	577,764
Anglais.	53	21,588	630	618,506
Austro-hongrois.	16	6,481	1	470
Espagnol.	21	3,681	9	6,576
Grec.	31	6,677	5	2,143
Français.	20	3,460	408	301,454
Suédois et norvégien.	34	12,627	22	10,945
Hollandais	2	808	28	19,054
Danois.	6	1,107	1	965
Américain.	3	2,362	"	"
Tunisien.	1	61	"	"
Ottoman.	2	175	"	"
Allemand.	10	4,387	50	45,660
Russe.	6	2,538	"	"
Belge.	"	"	14	12,537
TOTAUX.	783	250,039	1,739	1,596,074

NAVIGATION DE CABOTAGE.

PAVILLONS.	NAVIRES À VOILES.		NAVIRES À VAPEUR.	
	NOMBRE.	TONNAGE.	NOMBRE.	TONNAGE.
Italien.	2,633	142,918	397	167,337
Austro-hongrois.	1	274	"	"
Grec.	1	243	"	"
Anglais.	1	155	14	3,303
Français.	"	"	158	93,348
Suédois.	"	"	1	436
TOTAUX.	2,636	143,570	560	264,424

NAVIGATION.	VOILIERS.		VAPEURS.	
	NOMBRE.	TONNAGE.	NOMBRE.	TONNAGE.
Internationale............................	783	250,039	1,739	1,596,074
De cabotage..............................	2,636	143,570	560	264,424
TOTAUX..................	3,419	393,609	2,299	1,860,498

Les chiffres correspondants pour les entrées en 1881 sont les suivants :

NAVIGATION.	VOILIERS.		VAPEURS.	
	NOMBRE.	TONNAGE.	NOMBRE.	TONNAGE.
Internationale............................	829	281,027	1,572	1,363,916
De cabotage..............................	2,619	155,354	533	224,850
TOTAUX..................	3,448	436,381	2,105	1,588,766

Comme partout, le nombre et le tonnage des navires à voiles tend à diminuer; le nombre et le tonnage des navires à vapeur tend à augmenter.

TOTAL GÉNÉRAL DES ENTRÉES EN 1881 ET 1882.

NAVIRES.	1881.		1882.	
	NOMBRE.	TONNAGE.	NOMBRE.	TONNAGE.
A voiles...............................	3,448	436,381	3,419	393,609
A vapeur..............................	2,105	1,588,766	2,299	1,860,498
TOTAUX..................	5,553	2,025,147	5,718	2,254,107

IMPRIMERIE NATIONALE.

MARCHANDISES DÉBARQUÉES DANS LE PORT DE GÊNES EN 1882.

(En tonnes de 1,000 kilogrammes.)

PAVILLONS.	DES NAVIRES CABOTEURS.		DES NAVIRES INTERNATIONAUX.	
	À VOILES.	À VAPEUR.	À VOILES.	À VAPEUR.
Italien...............................	267,422	142,418	239,287	118,021
Français.............................	200	32,108	4,692	76,811
Anglais..............................	630	10,378	27,929	569,763
Allemand............................	87	8,746	2,679	22,487
Divers	108	4,165	46,439	30,330
TOTAUX.................	268,447	197,815	321,026	817,412
TOTAL GÉNÉRAL	1,604,700 tonnes.			

Si l'on compare ces chiffres, en tonnes de 1,000 kilogrammes, au tonnage des navires correspondants, en tonneaux de mer, on aura une idée du chargement moyen des navires entrés.

On trouve ainsi :

CHARGEMENT MOYEN DES NAVIRES ENTRÉS EN 1882.

Navires de cabotage... { à voiles........................ 1 85 p. o/o
{ à vapeur....................... 0 75

Navires internationaux { à voiles........................ 1 30
{ à vapeur....................... 0 50

Le chargement des voiliers et surtout des voiliers caboteurs paraît extraordinairement élevé.

Le chargement des navires à la sortie est beaucoup moindre.

Ainsi, en 1882, le poids des marchandises embarquées, dans le port de Gênes, se résume comme suit :

Chargements faits à bord des :

TONNEAUX DE 1,000 KILOGR.

Navires de cabotage... { à voiles..................... 113,472
{ à vapeur.................... 160,753

Navires internationaux { à voiles..................... 87,297
{ à vapeur.................... 106,383

Comme le tonnage des navires est et doit être presque exactement le même à la sortie et à l'entrée, on a pour le chargement moyen des navires sortis en 1882.

Navires de cabotage...	à voiles......................	o 80 p. o/o
	à vapeur..................	o 60
Navires internationaux	à voiles......................	o 35
	à vapeur.....................	o o65

Gênes est donc surtout un port d'importation.

PRINCIPALES MARCHANDISES À L'IMPORTATION PAR MER.

Le charbon de terre représente le poids le plus considérable, et de beaucoup, des importations par mer.

En 1882, on en a débarqué 696,897 tonneaux, soit 700,000 tonnes. Or le poids total des marchandises débarquées dans le port, cette même année, a été presque exactement de 1,600,000 tonnes. C'est pourquoi on dit couramment, à Gênes, que le charbon y représente environ la moitié des arrivages.

Gênes est, pour ainsi dire, la mine de charbon de la plus grande partie de la haute Italie.

Toute cette houille vient presque exclusivement d'Angleterre et surtout sous pavillon anglais.

On peut remarquer que le poids total des marchandises débarquées, en 1882, des navires anglais est, très approximativement, de 600,000 tonnes et que le tonnage de ces mêmes navires est d'environ 640,000 tonneaux.

La plus grande partie du charbon est déchargée et expédiée vers l'intérieur dans la gare maritime de San-Benigno.

Cette gare a eu, en fait, 506,000 tonnes d'expéditions, en 1882, soit à peu près autant que toutes les autres gares de Gênes prises ensemble.

Le directeur de l'entreprise des travaux du port, M. Chambon, qui connaît bien la Méditerranée, estime que dans aucun autre point de ce bassin le charbon n'est à aussi bon marché qu'à Gênes.

La houille d'Écosse coûte, frais de douane et d'octroi compris, environ 23 francs, et le Cardiff de 28 à 30 francs les 1,000 kilogrammes.

Le charbon vient presque comme lest sur les vapeurs anglais qui vont charger dans les échelles du Levant, dans la mer Noire, etc.

Grâce à l'emploi des allèges on peut arriver à décharger près de 500 tonnes par jour et par navire; les capitaines ne perdent donc pas de temps dans le port, avantage qu'ils apprécient hautement.

Grâce à la possibilité de laisser temporairement, sans grands frais, le charbon dans les allèges, comme magasins flottants, les quais de la gare maritime de San-Benigno ne sont pas encombrés, ce qui facilite singulièrement l'exploitation de leurs étroits terre-pleins; et, d'autre part, les charbons destinés à être embarqués subissent le moins possible de manutention et de déchet.

Aussi les partisans des allèges estiment-ils qu'il en faudra toujours et beaucoup à Gênes pour le charbon et que, par suite, on continuera à s'en servir pour d'autres marchandises, même après l'achèvement des quais.

Parmi les autres marchandises d'importation, représentant un poids notable, on peut citer.

Les huiles minérales..................	Environ	20,000 tonnes.
Les cafés..........................		6,400
Les sucres bruts...................		47,000
Les cotons en balle................		44,700
La laine en balle..................		5,000
Les bois de construction...........		16,400 stères.
Les peaux fraîches.................		5,250 tonnes.
La fonte		15,000
L'acier............................		58,000
Les grains, blés, etc..............		100,000
Les graines oléagineuses...........		18,000
Les poissons secs et fumés.........		12,000 [1]

EXPORTATIONS.

Parmi les principales marchandises pondéreuses, exportées par voie de mer, on trouve :

Huiles d'olive....................	Environ	7,000 tonnes.
Minerai de zinc...................		10,600
Marbre............................		1,200

TRANSIT.

En 1882, les marchandises étrangères en transit, sorties par voie de mer, représentaient un poids de .... 22,060 tonnes.
Le transit sorti par voie de terre................... 28,074

Les principaux pays étrangers de provenance ou de destination sont : la France, la Suisse et l'Allemagne ; mais la statistique ne permet pas de faire facilement la part de chacun d'eux.

---

[1] Dans ce chiffre la morue française entre pour 1,200 tonnes.

L'ouverture des traversées des Alpes ne paraît pas avoir eu, au point de vue du transit, une influence appréciable sur le port de Gênes.

Ainsi la valeur, estimée par la douane, des marchandises de transit sorties par voie de mer a été, en nombres ronds de millions de francs :

En 1882, de.. 13 millions.
      1881.. 13
      1880.. 18
      1879.. 23
      1878.. 19
      1877.. 12
      1876.. 12
      1875.. 13
      1874.. 18
      1873.. 22
      1872.. 23
      1871.. 41

L'importance relative de Gênes, comparée aux autres ports de l'Italie, ressort de ce fait que le montant des droits de douane perçus à Gênes, en 1882, a été de 51,680,000 francs; tandis que dans toutes les autres douanes du royaume, prises ensemble, on n'a perçu qu'un peu plus du double, soit 107,193,000 francs.

VENISE.

CONSIDÉRATIONS GÉNÉRALES.

Venise offre cette particularité, unique dans tout le bassin de la Méditerranée, d'être un port de lagune à marée. (Voir planche VI.)

La marée y a peu d'amplitude, il est vrai, 60 centimètres en moyenne, mais elle n'en produit pas moins des effets exceptionnellement remarquables, grâce à la vaste étendue des lagunes.

Ainsi Venise est le seul port dont le débouché en mer, créé artificiellement sur une plage de sable, offre partout, en tout temps et sans aucune espèce d'entretien, des profondeurs de 9 mètres.

Malheureusement ce débouché est séparé du port par une grande distance, sur laquelle on rencontre de sérieux obstacles.

Les lagunes de Venise communiquent avec l'Adriatique par trois bouches :

la première, au sud, dite de Chioggia; la troisième, au nord, dite du Lido; la seconde, située entre les deux autres, est la bouche de Malamocco, la seule qui soit praticable à la grande navigation et où l'on trouve les profondeurs de 9 mètres signalées ci-dessus.

Or, des jetées de Malamocco au canal de la Giudecca, qui est le port de Venise, il y a plus de 16 kilomètres; le chenal intérieur qu'il faut suivre dans la lagune pour franchir cette distance offre, en certains points, des largeurs insuffisantes; sa profondeur, dans quelques passages, n'est que de 7 mètres, par les basses mers exceptionnelles; enfin sa direction présente un coude brusque à Puntarolo près de Venise.

Ce chenal est parfaitement balisé par des groupes de pieux ou « ducs d'Albe », mais il n'est pas éclairé, de sorte qu'on ne peut y naviguer en sûreté pendant la nuit ou par les temps de brouillard.

Aussi le parcours qui peut se faire en trois heures, de jour, par beau temps, quand le vent et les courants sont faibles, en un mot, dans les circonstances les plus favorables, exige-t-il souvent six heures, quelquefois douze heures et même davantage, surtout pour les navires à voiles.

De pareilles entraves sont inadmissibles aujourd'hui pour la grande navigation à vapeur qui ne souffre pas de pertes de temps.

On a cherché à y remédier, pour le moment, en draguant le chenal jusqu'à 8 mètres au-dessous des plus basses mers et en donnant d'abord à son plafond une largeur minima de 30 mètres qu'on se propose de porter ensuite à 50 mètres. (Les vases de la lagune prennent un talus de 3 de base pour 1 de hauteur.)

Mais ces améliorations laisseront subsister deux graves inconvénients, la grande distance du port à Malamocco et le coude brusque de Puntarolo.

On ne pouvait songer à déplacer le port de Venise pour le rapprocher de Malamocco, on a donc voulu créer une nouvelle entrée plus rapprochée de la ville et offrant un chenal d'accès plus direct. La bouche du Lido remplissait les conditions voulues; on a décidé d'y établir des jetées, comme à Malamocco, et on espère y obtenir des résultats aussi satisfaisants, bien que le régime des alluvions ne semble pas être le même en ces deux points.

En effet, la déviation des embouchures de l'Adige et de la Brenta paraît indiquer que leurs alluvions, déposées au sud des lagunes de Venise, marchent vers le nord; la forme de la bouche de Chioggia conduirait à la même conclusion.

Mais la déviation de la bouche nord des lagunes, au Lido, porte à croire que, là, les sables marchent au contraire vers le sud.

La bouche de Malamocco, située entre les deux autres, paraît donc soumise, au point de vue des atterrissements, à un régime intermédiaire, spécial, qui n'est peut-être pas étranger au succès des ouvrages qu'on y a établis.

Les travaux des deux jetées de la bouche du Lido devaient d'abord être conduits parallèlement de façon à contenir, dès le début, toute la masse des courants de marée dans le chenal à créer ; mais sur les réclamations du public on a dû n'entreprendre d'abord que la jetée N. E.

Lors de notre visite, en septembre 1883, les premiers bourrelets d'enrochements, commencés en 1882, c'est-à-dire depuis un an seulement, n'existaient que sur une longueur d'un kilomètre environ et on ne pouvait encore en apprécier les effets.

Nous avons dit que le port maritime de Venise est le canal de la Giudecca.

Les grands navires y trouvent assez de profondeur pour leur mouillage, et les navires moyens peuvent venir le long ou à une très petite distance des quais.

Les terre-pleins sont généralement très étroits (de 10 à 20 mètres au plus de largeur), mais ils sont bordés, en arrière, par des magasins particuliers qui permettent de les débarrasser rapidement des marchandises débarquées.

Ce port est parfaitement satisfaisant, en somme, pour les besoins locaux ; mais au point de vue du commerce de transit il a le grave inconvénient de n'être pas en relation directe avec le chemin de fer.

Or, par suite de la percée du Brenner, Venise pouvait espérer rivaliser avec Trieste dans les relations avec une partie de l'Allemagne.

Mais il fallait, pour cela, affranchir la marchandise des frais et des risques de manutentions intermédiaires, ainsi que d'un batelage lent et coûteux entre le port et la gare du chemin de fer.

A l'époque où cette question s'imposa à l'attention publique, la ligne de Venise appartenait à la compagnie de la haute Italie, qui donna, dans cette circonstance, la preuve de la même initiative intelligente que nous avons déjà signalée, dans tant d'autres ports, de la part des administrations de chemins de fer.

Elle creusa un bassin débouchant vers l'extrémité ouest du canal de la Giudecca et relié par des voies ferrées à la gare de Venise. (Planche VII.)

La disposition d'ensemble de cette station maritime répond à l'objet que l'on avait en vue.

Les besoins actuels sont desservis d'une manière très satisfaisante, ceux de l'avenir sont parfaitement ménagés. La nature des lieux, en pleine lagune basse, se prêtait admirablement à une exécution prompte, facile et économique du bassin et se prêtera de même à telle extension qu'on voudra donner à ce commencement d'établissement maritime.

Des personnes compétentes qui étaient d'abord hostiles à ce projet, et qui lui adressent encore quelques critiques, nous ont déclaré franchement qu'elles s'étaient trompées dans leur opposition et celles qui en étaient partisans disent que le succès a dépassé leur attente.

Si Venise est appelée, comme on l'espère, à un sérieux avenir commercial, la création du bassin du chemin de fer, qu'on appelle la « Station maritime », y aura certainement contribué.

Ce bassin étant la seule partie du port qui soit outillée et soumise à une exploitation régulière, nous croyons devoir donner tout d'abord les détails qui le concernent et qui rentrent plus particulièrement dans l'objet de notre étude.

Nous indiquerons ensuite les généralités concernant l'ensemble du port de Venise.

DE LA STATION MARITIME.
(Planche VII.)

BASSIN.

Le bassin n'a été achevé et ouvert aux navires qu'en 1882.

Sa longueur est de 700 mètres, sa largeur de 190 mètres et sa profondeur de 8 mètres.

A Venise, les profondeurs d'eau sont mesurées au-dessous d'un niveau conventionnel appelé « *Commune alta marca* » (haute mer moyenne ordinaire) et désigné par les trois lettres C. A. M. La basse mer moyenne est à 56 centimètres au-dessous de ce niveau.

Les plus basses mers exceptionnelles peuvent descendre à $(-1^m,37)$ et les plus hautes mers exceptionnelles peuvent s'élever à $(+1^m,30)$.

Par raison d'économie on n'a provisoirement construit de murs de quais que sur 600 mètres de longueur dont, environ, 100 mètres au fond du bassin et 500 sur une des rives.

Le couronnement des quais est à $(+ 3^m,44)$ sur une largeur de 5 mètres. Mais la surface du terre-plein, au delà de cette largeur de 5 mètres, n'est plus qu'à la cote $(+ 2^m,39)$.

De cette façon la plate-forme des wagons circulant sur les voies du terre-plein se trouve au niveau du couronnement du quai. Cette disposition toute spéciale ne pouvait être imaginée qu'à Venise, où il ne circule pas de voitures; elle serait inadmissible partout ailleurs et, à Venise même, le chef de gare chargé de la station maritime y trouve plus d'inconvénients que d'avantages.

En effet les wagons ne peuvent pas venir le long des quais, et la largeur de 5 mètres est absolument insuffisante pour le dépôt des marchandises.

Les murs de quai, formés de blocs artificiels superposés, ont leur parement vertical; le sol vaseux sur lequel ils reposent, par l'intermédiaire d'un soubassement en enrochements, a subi des tassements; les quais se sont déformés; bref on a rencontré là, mais sur une moindre échelle, les mêmes difficultés qu'à Trieste.

Pour l'établissement d'autres quais, dans le voisinage immédiat du bassin du chemin de fer, à Santa-Marta, on a donné au parement un fruit d'un cinquième en mettant les blocs en retraite les uns par rapport aux autres, et on n'a pas chevauché les joints verticaux.

Ce système a parfaitement réussi.

Lorsqu'on a créé le bassin on a pensé qu'une longueur de 600 mètres de quais accostables serait plus que suffisante pendant plusieurs années; mais, dès à présent, c'est-à-dire après une seule année d'exploitation, on reconnaît déjà la convenance d'en augmenter le développement.

TERRE-PLEINS DES QUAIS.

Par le même motif d'économie bien entendue, on s'est contenté d'aménager d'abord la partie des terre-pleins qu'il était le plus facile de relier par des voies ferrées à la gare centrale, c'est-à-dire le quai Est.

Le terre-plein de ce quai n'a pas moins de 90 mètres de largeur, soit la dimension reconnue partout aujourd'hui comme nécessaire; et il faut remarquer qu'il n'y est établi aucune voie charretière, et c'est là une particularité de Venise, où on ne transporte pas une tonne de marchandise par charrette; il n'est même pas bien sûr qu'on y trouverait une charrette.

Le terre-plein est bordé, du côté opposé au bassin, par un canal de 60 mètres de largeur et de 4 mètres de profondeur, formant un port pour les barques et les caboteurs côtiers.

Cette disposition est aussi bien conçue que possible.

VOIES FERRÉES.

Le terre-plein est desservi par un ensemble très convenable de voies ferrées. Quatre voies principales le parcourent en son milieu et sur toute sa longueur.

Trois voies longent le canal des barques.

Deux voies pénètrent dans les magasins élevés le long des murs de quai.

Les voies principales sont reliées par des aiguilles qui permettent d'y faire toutes les manœuvres à la machine.

Elles sont aussi reliées, de distance en distance, par des voies transversales, avec batteries de plaques tournantes, pour les manœuvres à bras.

On manœuvre facilement avec 200 wagons sur les rails de la station maritime, et comme on y charge, en moyenne, 400 à 500 tonnes par jour, soit de 40 à 50 wagons à 10 tonnes l'un, le développement des voies paraîtrait suffisant.

Mais pour la bonne installation d'une gare, c'est le maximum et non pas la moyenne du trafic journalier qu'il faut considérer, d'une part; et, d'autre part, c'est la moyenne et non pas le maximum du chargement des wagons qu'il faut admettre.

En se plaçant à ce point de vue, le chef de gare est d'avis qu'il conviendrait d'augmenter dès à présent de 50 p. o/o le développement des voies.

Le terre-plein du fond du bassin n'est desservi que par des voies accessibles au moyen de plaques tournantes.

Cette disposition est d'autant plus gênante que ce terre-plein est affecté aujourd'hui au débarquement des charbons, dont les arrivages sont assez importants.

L'ingénieur du chemin de fer nous a dit qu'on étudiait le remplacement des plaques tournantes par des raccordements en courbe avec aiguilles, comme on y est conduit partout ailleurs.

Le chef de gare regrette de n'avoir pas une voie le long du grand quai latéral ou Est, devant les magasins; c'est un des inconvénients du surhaussement du couronnement de ce quai.

Le quai latéral est bordé par quatre hangars-magasins de 5o mètres de long sur 3o mètres de large.

Cette largeur est la plus grande que nous ayons vue dans les ports les mieux aménagés.

Une voie ferrée pénètre dans ces magasins et longe leur façade postérieure.

Le chef de gare est d'avis que cette voie intérieure est sans avantages; la manœuvre des wagons y est longue et gênante; on perd ainsi inutilement de la surface couverte pour le dépôt des marchandises.

Le plancher des hangars est à la hauteur de la plate-forme des wagons. Le couronnement du quai est aussi à la hauteur de ces plates-formes.

Le chemin de fer voulant attirer dans son bassin le commerce de transit, qui a lieu presque exclusivement par navires à vapeur, a mis gratuitement ses hangars-magasins à la disposition des compagnies de navigation faisant chaque semaine une escale régulière à Venise.

Il ne s'en est réservé qu'un, où la douane a également ses dépôts.

On pourrait croire que ces compagnies se sont empressées de profiter de cette faveur; il n'en a rien été jusqu'ici. Les habitudes commerciales sont lentes à se modifier.

Ces compagnies sont au nombre de quatre; la plus importante n'envoie pas encore ses navires à la station maritime, les autres occupent à peine les trois magasins dont elles ont la jouissance.

Aussi le chemin de fer s'est-il réservé le droit de disposer de tout ou partie des magasins non utilisés par les compagnies de navigation.

Les quais sont munis de sept grues; mais ces grues sont fixes, de sorte qu'elles ne se trouvent presque jamais à l'endroit qui conviendrait le mieux pour l'emplacement des panneaux des navires; il en résulte qu'elles sont peu ou point utilisées.

Elles sont à bras et de la force de 3,ooo kilogrammes.

Le chef de gare préférerait avoir des grues mobiles, à vapeur ou à eau sous pression, et moitié moins puissantes pour la plupart.

C'est ce qu'on désire partout pour une bonne exploitation des quais.

15.

La manutention des marchandises dans la station maritime est faite par le chemin de fer, qui a confié ce travail à un entrepreneur spécial.

La marchandise paye, à la station maritime, 1 fr. 15 cent. de plus qu'à la gare de la ville, par tonne de 1,000 kilogrammes, arrivage ou expédition. Cette somme de 1 fr. 15 cent. représente les frais d'embarquement ou de débarquement et, en outre, un supplément de transport de 2 kilomètres.

MAGASINAGE.

Les marchandises peuvent rester gratuitement, pendant trois jours, dans le magasin du chemin de fer en attendant l'ordre de leur embarquement à bord d'un navire ou de leur expédition par chemin de fer.

Au delà de ce délai, elles payent les frais ordinaires de magasinage dans les gares.

MOUVEMENT DE LA STATION MARITIME.

En 1882, première année de l'ouverture du bassin du chemin de fer, il y est entré 176 vapeurs jaugeant 87,710 tonneaux et 129 voiliers jaugeant 17,924 tonneaux.

Il y a toujours au moins quatre navires à quai, généralement on en compte cinq ou six et souvent sept ou huit.

En août 1883, dans le mois qui a précédé notre visite, on avait expédié de la station maritime, par chemin de fer, 13,486 tonnes et on y avait reçu en arrivage 1,547 tonnes seulement.

Les expéditions sont toujours très supérieures aux arrivages.

La presque totalité de ces marchandises sont en transit et à destination ou en provenance de l'Allemagne et de la Suisse.

Si on admet que l'on débarque et embarque, en moyenne, par mois, 15,000 tonnes, chaque mètre courant de quai correspondrait à un mouvement de 300 tonnes environ par an, résultat très satisfaisant pour un premier début.

CRÉATION D'ÉTABLISSEMENTS INDUSTRIELS EN CONNEXION AVEC LA STATION MARITIME.

La construction du bassin du chemin de fer à provoqué la création d'établissements industriels importants dans son voisinage immédiat.

A l'est, et tout à côté de la station maritime, se trouvaient le Champ de Mars et les terrains de Santa-Marta.

L'État a abandonné à Venise tout le Champ de Mars et on a exproprié une partie de l'îlot de Santa-Marta.

Ce vaste emplacement a été concédé, pour une part, à une société cotonnière, et, pour le reste, à la municipalité et à la chambre de commerce.

L'État a fait en outre, à ses frais, les quais de Santa-Marta en bordure sur le canal de la Giudecca.

En arrière de ces quais, et sur une portion de leur longueur, doivent se développer des magasins généraux concédés au municipe; l'État donne encore une subvention de 1,800,000 francs pour leur exécution; le projet n'en était pas définitivement approuvé en septembre 1883.

Vu la mauvaise qualité du sol de fondation, les constructions n'auront qu'un rez-de-chaussée ou un étage au plus.

Ces magasins généraux délivreront des warrants.

A l'est et à la suite de l'espace réservé aux magasins généraux s'élèvent déjà, en bordure sur l'autre partie du quai de Santa-Marta, les grands bâtiments de la Société cotonnière.

La filature comporte, dès à présent, 25,000 broches et elle en aura 100,000 quand elle sera complètement achevée.

En arrière des magasins généraux, la chambre de commerce, en vertu d'une concession qui lui a été accordée, doit faire un établissement spécial appelé « *Punto franco* » dont nous expliquerons plus loin la destination et la raison d'être.

Disons seulement ici que cet établissement jouira de la franchise de douane. Les projets en sont encore à l'étude.

La création de la station maritime a donc provoqué ou tout au moins singulièrement favorisé un sérieux élan vers le progrès industriel et commercial et semble devoir contribuer à une véritable renaissance de l'antique prospérité de Venise.

Nous allons donner maintenant sur l'ensemble du port de Venise des renseignements généraux qui, logiquement, auraient dû précéder les indications particulières relatives au bassin du chemin de fer, celui-ci n'étant qu'une partie toute spéciale du port, mais la partie de beaucoup la plus intéressante à étudier.

PILOTAGE.

Le pilotage est réglé, à Venise, par un décret du 31 janvier 1877, dont voici les principales dispositions :

Vu le Code de la marine marchande, sur l'avis du conseil supérieur de la marine et la proposition du Ministre de la marine,

ARTICLE PREMIER. Il est constitué dans l'estuaire de Venise un corps de pilotes dont le nombre n'excédera pas trente-six, compris un chef et deux sous-chefs.

Le corps des pilotes fournira une caution de 1,500 francs.

ART. 2. Le pilotage dans l'estuaire comprend deux sections distinctes, savoir : pilotage de mer et pilotage dans les chenaux intérieurs.

ART. 3. Le pilotage est facultatif en mer, mais il est obligatoire dans les chenaux.

ART. 4. Le pilotage intérieur n'est cependant pas obligatoire pour les bâtiments de 100 tonneaux au plus, ni pour les caboteurs côtiers et les remorqueurs à vapeur, ni pour les navires et le matériel flottant appartenant à un service de l'État.

ART. 5. Tarif. (Principales taxes.)

SECTIONS.	DROIT FIXE par NAVIRE.	DROIT PROPORTIONNEL par tonneau de jauge.
	francs.	fr. c.
PILOTAGE DE MER.		
Zone de Piave-Mestra..........................	30	0 03
Parages de Pelorosso..........................	12	0 02
PILOTAGE INTÉRIEUR.		
De Malamocco à la station maritime.............	25	0 04

Les navires remorqués et les navires à vapeur payent un tiers en moins.

ART. 7. Les navires qui se font piloter en mer tant à l'entrée qu'à la sortie ne payent que demi-taxe à la sortie.

Art. 9. Le corps des pilotes devra posséder au moins trois bateaux, aptes au service du pilotage de mer.

Art. 10. Les navires peuvent réclamer, pendant leur parcours dans les chenaux intérieurs, le service de chaloupes, soit pour se faire remorquer ou touer, soit pour mouiller leurs amarres, etc.

Une chaloupe armée de six hommes se paye, par voyage dans les chenaux, 20 francs pour un navire à voiles et 15 francs pour un vapeur ou un bâtiment remorqué.

Les opérations de mouillage et d'amarrage se payent d'après l'importance du travail qu'elles ont exigé; en cas de contestation le prix est fixé par l'autorité maritime, dont la décision fait loi.

REMORQUAGE.

Il n'existe, à Venise, qu'un seul bateau à vapeur faisant exclusivement du remorquage, il appartient à un particulier.

Quand ce service fut créé, la chambre de commerce et la municipalité s'engagèrent à y participer pendant cinq ans, et un tarif fut fixé. Mais à l'expiration de ce délai, elles se retirèrent et le remorquage est devenu une industrie entièrement libre, dont les prix, variables suivant les circonstances, se traitent de gré à gré. On estime qu'un navire de 500 à 600 tonneaux paye aujourd'hui, en moyenne, 150 francs de Malamocco à la Giudecca.

Depuis l'époque, déjà ancienne, où ce remorqueur fut construit, il s'est établi plusieurs services de bateaux à vapeur dans les lagunes (il en existe même un aujourd'hui sur le grand canal) et ces bateaux font accidentellement du remorquage.

Enfin la marine militaire prête au besoin le concours du matériel flottant de l'arsenal.

Le service du remorquage paraît, en somme, très suffisamment assuré à Venise pour les besoins actuels de la navigation.

RADOUB.

L'industrie des constructions navales est pour ainsi dire nulle à Venise.

Il n'y existe pas d'autres appareils pour la réparation des navires que les formes de radoub de l'arsenal, dont deux sont de magnifiques bassins, de construction récente, de longueur et de profondeur plus que suffisantes pour les plus grands bâtiments qui fréquentent le port. Mais ces formes ne sont à la disposition du commerce qu'autant que les convenances de la marine militaire le permettent; et c'est là, paraît-il, comme partout ailleurs, un inconvénient que ne compense pas le bas prix réclamé pour leur usage. La marine ne fait payer, dit-on, que les frais d'épuisement et de manœuvres.

Il serait question de créer une société pour la construction de navires en fer, à vapeur, et les chantiers comprendraient, naturellement, un bassin de radoub.

Mais ces projets d'avenir n'ont pas pris encore une forme bien déterminée.

Actuellement, quant les navires à radouber ne peuvent être admis dans les formes de l'arsenal, ils ont la ressource d'aller à Trieste, qui n'est qu'à une faible distance de Venise et où ils trouvent des établissements industriels bien outillés.

TRANSPORT ET MANUTENTION DES MARCHANDISES.

Venise est la seule ville où tous les transports, sans exception, se fassent exclusivement par eau.

Elle n'a pas une seule route charretière, toutes ses artères sont des canaux.

Aussi règne-t-il, à Venise, un silence vraiment extraordinaire.

Si l'on concluait de cette absence de bruit à l'absence de mouvement, on commettrait une grosse erreur.

L'importance de la circulation ressortira d'un seul chiffre; on prétend qu'il n'y a pas moins d'une vingtaine de mille barques à Venise. Le même nombre de voitures ferait, à coup sûr, beaucoup plus de bruit mais moins de besogne et surtout à des prix bien plus élevés.

Le prix de la journée d'un manœuvre est de 2 à 3 francs.

La location d'une barque, pouvant porter de 10 à 50 tonnes, coûte de 2 à 5 francs par jour, mais sans équipage. Une barque de 25 tonnes, armée de deux hommes, se paye une dizaine de francs par jour.

L'embarquement et le débarquement des marchandises sont libres en principe, mais, en fait, ils sont entre les mains des corporations ouvrières.

Cependant pour les bois, dont le commerce est assez considérable à Venise, chaque négociant fait ses opérations avec ses hommes et ses barques.

Les caravanes sont fortement constituées et il paraît qu'il ne serait pas prudent à un négociant de vouloir se passer absolument de leurs services.

En présence de cette situation, il a été jugé nécessaire d'imposer à ces associations, par mesure de police, un règlement et un tarif. Cette réglementation ne date que du mois de février 1883, on trouvera peut-être intéressant d'en connaître les principales dispositions.

RÈGLEMENT APPROUVÉ PAR LA DÉPUTATION PROVINCIALE, LE 13 FÉVRIER 1883,
LA CHAMBRE DE COMMERCE ENTENDUE.

ARTICLE PREMIER. Les portefaix, les chargeurs et déchargeurs de navires sont placés sous la surveillance de la municipalité.

ART. 2. Leur nombre n'est pas limité; mais pour être admis à exercer ces professions il faut :

1° Avoir plus de vingt et un et moins de soixante ans;

2° Se faire inscrire sur un registre tenu spécialement dans ce but à la municipalité;

3° Produire son casier judiciaire et un certificat qu'on ne s'est jamais livré à la contrebande.

ART. 3. Au moment de l'inscription il sera délivré une plaque numérotée, que le titulaire devra porter sur la poitrine, d'une façon très apparente pendant le travail, et qu'il ne pourra jamais céder.

La délivrance de la plaque est payée 3 francs.

ART. 4. Les inscrits formeront des escouades composées, chacune, de huit à vingt-quatre chargeurs et déchargeurs, et chaque escouade pourra se choisir un chef.

Si une escouade ne veut pas ou ne peut pas élire son chef, le plus ancien en fera les fonctions.

ART. 5. Il sera établi une rotation entre les escouades pour leur assurer à toutes successivement du travail.

Cependant les capitaines des navires ont le droit de s'adresser, quand ils le veulent et sans avoir égard au tour de rotation, à des groupes spéciaux d'ouvriers étrangers aux escouades; mais ces ouvriers devront toujours au préalable s'être fait inscrire et porter la plaque.

ART. 6. Un employé municipal assurera la rotation ou le tour des escouades.

Les capitaines ne voulant pas profiter de la faculté prévue à l'article précédent s'adresseront à cet employé pour avoir les ouvriers nécessaires.

16

Art. 9. Les contraventions à ce règlement seront poursuivies conformément à l'article 146 de la loi communale et provinciale.

En cas de récidive la plaque sera retirée.

HEURES DE TRAVAIL À BORD DES NAVIRES.

De novembre à février inclusivement, de. .   7ʰ du matin à 5ʰ du soir.
De mars à octobre inclusivement, de.....   6ʰ du matin à 6ʰ du soir.

DURÉE DU TRAVAIL ET DES REPOS.

De novembre à février. . { Repos 1ʰ
                          { Travail..........................   9
De mars à octobre..... { Repos, en deux séances............   1 1/2
                        { Travail..........................   10 1/2

TARIF.

MARCHANDISES.	VOILIERS PAR TONNE ANGLAISE DÉCHARGÉE.	VAPEURS PAR TONNE ANGLAISE DÉCHARGÉE.
	fr. c.	fr. c.
Charbon de terre....................................	0 60	0 85
Coke...	1 20	1 50
Fers et fonte......................................	0 70	0 95
Pouzzolane...	0 50	0 65
Soufre et natron...................................	0 50	0 70
Riz..	0 50	0 60
Grains et graines en sac ou en vrac................	0 50	0 65
Avoine et orge.....................................	0 65	0 80
Coton en balle, huile et autres marchandises.......	0 50	0 60
Pétrole...... { par 100 caisses....................	2 50	3 00
{ par 100 barils.....................	12 50	15 00
Charbon embarqué des allèges dans les soutes........	//	1 00

Quand le capitaine accorde l'usage des treuils à vapeur du bord, pour la manutention des marchandises en vrac, le tarif subit un rabais de 10 p. o/o. Pour les autres marchandises, le capitaine est obligé de prêter ses treuils à vapeur.

Les jours de fêtes reconnues, le tarif est augmenté de 20 p. o/o. Le travail de nuit, pour huit heures seulement, donne lieu à une augmentation de 50 p. o/o sur le tarif.

Le travail de jour, en dehors des heures réglementaires, et pour deux heures seulement, entraîne une augmentation de 20 p. o/o.

Si les opérations doivent être faites dans un point éloigné du port, le tarif est augmenté de 25 p. o/o.

Il n'y a pas encore de magasins généraux à Venise; nous avons déjà dit qu'on projette d'en établir près de la station maritime. Mais il existe un magasin public pour le pétrole et un magasin de douane d'un caractère spécial, appelé « Punto franco ».

Chaque négociant doit posséder les magasins que comporte son genre de commerce; toutefois l'industrie du magasinage est pratiquée pour les grains.

Nous allons donner quelques renseignements sur ces trois espèces de magasins.

MAGASIN À PÉTROLE.

Il existe à une certaine distance de Venise, sur un îlot formé par des dépôts de vase provenant des dragages et nommé Sacca-Sessola, un magasin public pour le pétrole.

Il est parfaitement isolé par des digues, et les aménagements intérieurs, très bien conçus, sont analogues à ceux des meilleurs magasins de Bremerhafen.

Mais il a le grave inconvénient de n'être pas abordable par les navires, ce qui entraîne les frais et les risques d'un batelage.

Le magasin à pétrole appartient au municipe qui l'exploite directement.

L'État lui a cédé, à cet effet, pour une très petite somme, l'îlot de Sacca-Sessola.

Le transport et le dépôt du pétrole font l'objet d'un règlement municipal en date du 18 juillet 1877.

Ce règlement, assez long, offre surtout des dispositions spéciales à Venise et qu'il paraît inutile d'analyser ici.

TARIF.

UNITÉS.	DROIT DE MAGASINAGE	
	PAR TRIMESTRE.	PAR SEMESTRE.
	fr. c.	fr. c.
Par caisse ne pesant pas plus de 40 kilogrammes..............	0 06	0 10
Par baril ne pesant pas plus de 170 kilogrammes..............	0 50	0 80

Le mouvement du pétrole dans le port et dans les magasins est donné par les chiffres suivants.

EXERCICES.	QUANTITÉS				PRODUIT DES DROITS de MAGASINAGE.
	ARRIVÉES DANS LE PORT.		ENTRÉES EN MAGASIN.		
	CAISSES.	BARILS.	CAISSES.	BARILS.	
					francs.
1879......................	243,021	5,771	229,466	4,713	28,463
1880......................	138,178	7,311	212,221	3,141	31,091
1881......................	280,559	1,154	215,979	2,147	19,359
1882......................	194,399	409	207,354	474	20,764

MAGASIN DE LA DOUANE. — PUNTO FRANCO.

Venise est demeurée port franc jusqu'au 31 janvier 1873.

Cette franchise favorisait, paraît-il, une contrebande très active; d'un autre côté elle entraînait pour l'industrie des difficultés incessantes avec la douane quand il s'agissait de reconnaître si tels objets présentés à la sortie avaient été ou non fabriqués à Venise; enfin elle était, pour les particuliers, la source d'ennuis et de vexations, par suite des visites auxquelles ils devaient se soumettre, tant à l'entrée qu'à la sortie de la zone douanière.

La suppression de la franchise a donc été très agréable au public et très avantageuse pour le Trésor public, mais elle a rencontré une grande opposition de la part de certains négociants, qui ont présenté de sérieux motifs à l'appui de leurs réclamations.

Pour donner satisfaction à ce que ces demandes avaient de légitime on a reconnu la convenance, tout en supprimant la franchise du port, de la conserver en un certain point de la ville.

Il n'y a plus un port franc mais un point franc: « Punto franco ». C'est là le dernier vestige des immunités dont Venise jouissait autrefois.

Le Punto franco est dans les magasins de la douane, où on lui a ménagé un emplacement qui paraît insuffisant.

Les négociants peuvent y déposer temporairement les marchandises importées de l'étranger sans avoir de droit à payer, mais moyennant une taxe de magasinage de 0 fr. 01 par 100 kilogrammes et par jour.

Ils peuvent y louer des espaces clos; un marchand de tissus a établi, entre son magasin en ville et son dépôt au Punto franco, une communication télégraphique, ce qui lui permet de ne faire sortir les étoffes précieuses, et de ne payer les droits de douane très élevés dont elles sont grevées, qu'au moment même, pour ainsi dire, où il les vend au public.

Les négociants peuvent travailler leurs marchandises dans le Punto franco comme ils le feraient chez eux, couper leurs vins, mélanger leurs cafés, etc.; et s'ils les envoient ensuite à l'étranger, ils n'ont à payer aucun droit de douane.

Lors de notre visite au Punto franco, un voilier y confectionnait une voile pour un navire étranger.

La chambre de commerce a obtenu, comme nous l'avons déjà dit, l'autorisation de créer un nouveau Punto franco près de la station maritime et des magasins généraux.

MAGASINS POUR LES GRAINS.

Le magasinage des grains est exploité, comme industrie privée, dans des greniers situés sur le port de la Giudecca.

Toute la manutention est faite à bras d'hommes par de vigoureux portefaix qui montent les sacs sur leurs épaules.

Les magasins que nous avons visités appartiennent à une société de crédit appelé « Banca di credito veneto »; ils rappellent tout à fait ceux des Quartiers-Leute de Hambourg.

Voici quelques articles du tarif de ces magasins :

DÉSIGNATION.	FROMENT, HARICOTS, POIS, par 100 quintaux ou 10 tonnes.	GRAINES OLÉAGINEUSES, MILLET, FÈVES, ORGE, par 100 quintaux ou 10 tonnes.	AVOINE, par 100 quintaux ou 10 tonnes.
	fr. c.	fr. c.	fr. c.
Débarquement, pesage, mise en magasin	12 00	14 00	22 00
Pesage, livraison, mise en barques...............	8 25	9 75	15 25
Magasinage par mois.........................	2 50	3 00	3 70

STATISTIQUE.

La statistique est faite, en Italie, avec un soin remarquable.

Les renseignements ci-après sont extraits des tableaux publiés par la chambre de commerce de Venise, en 1883, pour l'année 1882.

ANNÉES.	NAVIRES.			
	ENTRÉES.		SORTIES.	
	NOMBRE.	TONNAGE.	NOMBRE.	TONNAGE.
1873................................	2,644	465,394	2,672	474,533
1882................................	2,834	777,407	2,842	782,812

En dix ans le nombre des navires n'a pas augmenté de 10 p. 0/0; on peut même dire qu'il est resté stationnaire, car, dans cet intervalle de temps, on trouve, d'une année à l'autre, des différences plus grandes que celle de 1873 à 1882.

Mais le tonnage a augmenté, d'une façon continue, de 70 p. 0/0.

ENTRÉES.

DÉSIGNATION DES NAVIRES.	VOILIERS ET VAPEURS.			
	1873.		1882.	
	NOMBRE.	TONNAGE.	NOMBRE.	TONNAGE.
Navires...... { à voiles.................	2,205	190,158	1,965	129,496
{ à vapeur.................	439	275,236	869	647,911
TOTAUX.....................	2,644	465,394	2,834	777,407

En dix ans le nombre des navires à voiles a peu ou point varié et leur tonnage a diminué d'au moins 30 p. 0/0, tandis que le nombre des navires à vapeur a augmenté de 100 p. 0/0 et leur tonnage de près de 150 p. 0/0.

En 1882, le nombre des vapeurs n'est pas tout à fait la moitié de celui des voiliers et leur tonnage est cinq fois plus grand.

Les chiffres précédents comprennent tous les bateaux de mer, mais pour apprécier l'importance d'un port, au point de vue de la véritable navigation maritime, il convient de faire abstraction du cabotage côtier par petites barques.

La statistique ne permet pas de faire exactement cette déduction.

Cependant on peut, en toute certitude, supprimer, d'après les provenances indiquées, au moins 1,100 barques de 30 tonneaux en moyenne chacune. Il resterait donc 865 voiliers jaugeant environ 96,500 tonneaux.

NAVIRES CHARGÉS ET SUR LEST (1882).

DÉSIGNATION DES ENTRÉES ET DES SORTIES.	VOILIERS.		VAPEURS.		TOTAUX.	
	NOMBRE.	TONNAGE.	NOMBRE.	TONNAGE.	NOMBRE.	TONNAGE.
Entrées..... { Navires chargés......	1,883	125,322	845	617,304	2,728	742,626
{ Navires sur lest......	82	4,174	24	30,607	106	34,781
Totaux..........	1,965	126,496	869	647,911	2,834	777,407
Sorties..... { Navires chargés.......	611	46,394	691	500,092	1,302	546,486
{ Navires sur lest.......	1,358	84,593	182	151,733	1,540	236,326
Totaux..........	1,969	130,987	873	651,725	2,842	782,812

On peut dire que la presque totalité des navires entrent chargés; mais que, à la sortie, deux tiers des voiliers et plus d'un tiers des vapeurs sont sur lest.

DEGRÉ DE CHARGEMENT DES NAVIRES (1882).

Poids total des importations par mer : 418,413 tonnes de 1,000 kilogrammes.

On peut prendre comme indice du degré moyen de chargement des navires, à l'entrée, le rapport du poids ci-dessus au tonnage total, en tonneaux de mer, des bâtiments entrés chargés.

Degré de chargement à l'entrée : $\frac{418,413}{742,626}$, soit un peu moins de 60 p. o/o.

Poids total des exportations 90,151 tonnes de 1,000 kilogrammes.

Degré de chargement à la sortie : $\frac{90,151}{546,486}$, soit moins de 20 p. o/o.

PRINCIPAUX PAVILLONS À L'ENTRÉE (1882).

PAVILLONS.	VOILIERS.		VAPEURS.		TOTAUX.	
	NOMBRE.	TONNAGE.	NOMBRE.	TONNAGE.	NOMBRE.	TONNAGE.
Italien........................	1,435	83,376	284	178,291	1,719	261,667
Austro-hongrois	466	34,625	297	120,368	763	154,993
Anglais........................	3	473	271	339,389	274	339,862
Français.......................	"	"	2	1,652	2	1,652

Les paquebots-poste de la grande compagnie anglaise de navigation « *Péninsulaire et Orientale* », faisant les voyages de Brindisi à Alexandrie d'Égypte, partent de Venise et y rentrent à leur retour.

POIDS ET VALEURS DES IMPORTATIONS ET DES EXPORTATIONS PAR MER, EN 1882,
PAR PRINCIPALES PROVENANCES OU DESTINATIONS.

PROVENANCE OU DESTINATION.	IMPORTATIONS.		EXPORTATIONS.	
	POIDS en tonnes de 1,000 kilogr.	VALEUR en francs.	POIDS en tonnes de 1,000 kilogr.	VALEUR en francs.
Italie.............................	69,220	29,079,801	29,217	13,058,994
Autriche-Hongrie...................	98,604	18,973,905	24,656	14,286,580
Angleterre.........................	124,224	15,931,969	11,321	9,700,077
Indes Orientales...................	32,983	39,945,578	1,801	4,234,689
France.............................	3,569	860,702	265	556,109
Autres pays	89,813	31,632,569	22,891	9,475,489
ENSEMBLE de toutes les provenances et de toutes les destinations...	418,413	136,424,524	90,151	51,311,938

PRINCIPALES MARCHANDISES.

IMPORTATIONS PAR MER EN 1882.
(Valeurs en millions de francs.)

Huiles... 15.0
Céréales... 16.8
Soie grège....................................... 7.2
Coton.. 29.5
Métaux... 9.8
Combustible...................................... 7.4

EXPORTATIONS PAR MER EN 1882.
(Valeurs en millions de francs.)

Chanvre.. 6.3
Manufactures..................................... 12.1
Verres de Venise................................. 6.0

CHEMINS DE FER.

Venise est le point terminus d'un embranchement de chemin de fer qui la rattache aux lignes de la haute Italie.

Il existe deux gares de petite vitesse; la station principale et la station maritime.

On peut admettre que les expéditions de la station principale représentent actuellement (1883) à peu près le double de celles de la station maritime, soit environ 800 à 900 tonnes par jour. Les deux gares expédieraient donc ensemble, en moyenne chaque jour, de 1,200 à 1,300 tonnes de marchandises en petite vitesse.

CHAPITRE III.

TRIESTE.

CONSIDÉRATIONS GÉNÉRALES.

Quand nous sommes arrivé à Trieste nous avons été très frappé d'y trouver tous les esprits préoccupés à un point extrême de la rivalité de Fiume.

La Hongrie veut avoir son port à Fiume, comme l'Autriche a le sien à Trieste.

La Hongrie veut que ses produits s'exportent par son port et, dans ce but, elle a établi, sur ses chemins de fer, des tarifs réduits, en faveur de Fiume, pour les blés.

Trieste se trouve ainsi privée d'une partie très importante de son commerce; ses magnifiques réservoirs à blé sont vides depuis quatre ans, et Fiume lui fait encore concurrence pour les bois, qui jouent un rôle si considérable dans son trafic.

On comprend qu'une pareille lutte donne de sérieux soucis au port de Trieste, qui s'était habitué à une suprématie indiscutée, jusqu'ici, dans tout le bassin de l'Adriatique.

Il paraît, en outre, que la navigation intérieure de l'Allemagne, par l'Elbe, vient prendre, jusque dans les parages de Vienne, des marchandises qu'on détourne de Trieste pour les emmener à Hambourg.

Enfin Trieste, port franc et ville franche, se voit menacée de perdre ce privilège qui serait, d'après la douane autrichienne, une cause de fraudes.[1]

Trieste semble donc traverser une crise, et c'est là le fait dominant du moment, au point de vue de l'exploitation de ce port.

Le port de Trieste est si connu par un grand nombre de publications récentes en français [1], en allemand et en italien, que nous croyons inutile d'entrer ici dans des détails très complètement exposés, ailleurs, par le savant et habile directeur des travaux, M. Frédéric Bömches. Nous nous bornerons donc à rappeler les points ayant un intérêt direct avec l'objet de cette étude.

Au fond de l'Adriatique, dans sa partie la plus septentrionale, s'ouvre, à l'est, le golfe de Trieste, vaste baie intérieure, parfaitement abritée de toutes parts contre les vents du large et accessible seulement aux vents d'ouest, qui soufflent très rarement en tempête et ne balayent qu'une petite étendue de mer.

Trieste n'occupe qu'un point, pour ainsi dire, sur le développement considérable des côtes de la baie.

Il résulte de la grandeur de l'entrée du golfe et de l'étendue de sa surface que les navires à voiles peuvent arriver facilement jusque devant Trieste sans remorqueurs et sans pilotes. Aussi n'y a-t-il pour ainsi dire pas de remorquage de mer; et une station de pilotes qu'on avait installée à Rovigo a dû être abandonnée; elle y est morte de faim, suivant l'expression du capitaine de port.

Par suite du calme de la baie la vase s'y est déposée et accumulée sur des profondeurs énormes et jusqu'auprès du rivage.

Cette vase a été la cause des difficultés exceptionnelles qu'on a rencontrées dans l'établissement des quais du nouveau port.

L'ancien port n'était, à proprement parler, qu'un mouillage forain, où les navires accédaient aisément; mais une fois au mouillage ils étaient exposés à un vent de terre (E. N. E.) nommé la « bora », vent aussi violent au moins que le mistral, à Marseille.

La bora descend des montagnes au pied desquelles s'étend le port et dont la ville couvre les contreforts inférieurs.

Les navires mouillés près de terre, dans un fond de vase molle, chassaient sur leurs ancres. Il a fallu leur offrir des points d'amarrage solides; on a donc établi un grand nombre de fortes bouées et enfoncé des palées ou *ducs d'Albe*, formées de pieux en bois ou en fer.

C'est là une source de grosses dépenses d'entretien; on estime que ces appareils ne coûtent pas moins de 100,000 francs par an.

---

[1] Parmi les publications en français il convient de citer : 1° Les *Comptes rendus de la Société des ingénieurs civils*, juillet et août 1877; 2° les *Annales des travaux publics*, juin 1880; 3° *Association française pour l'avancement des sciences*, 1881.

Par suite de la présence de ces bouées et de ces palées, ainsi que des bâtiments qui y sont amarrés, le mouvement des navires ne peut être laissé libre dans l'étendue du mouillage. Aussi le remorquage, inutile en mer, devient-il ici nécessaire et obligatoire.

Ce remorquage est, à Trieste, un service public.

Le navire une fois mouillé, le mouvement des marchandises se fait, dans l'ancien port, au moyen d'allèges, entre le bateau et les quais peu profonds du rivage.

Les inconvénients de la situation actuelle ont conduit à construire un nouveau port, où les plus grands navires pussent accoster directement à quai, dans des eaux calmes. (Pl. VIII.)

Le nouveau port, qui reproduit exactement les dispositions adoptées à Marseille, a été protégé du côté du large par une jetée d'abri.

On aura une idée de la différence de puissance de la mer à Trieste et à Marseille, quand on saura qu'à Trieste la jetée n'est défendue extérieurement, dans sa partie supérieure, que par des enrochements naturels de 2 ou 3 mètres cubes, tandis qu'à Marseille il a fallu recourir à l'emploi de blocs artificiels de 10 mètres cubes.

L'exécution des quais et des traverses, établis sur un fond de vase molle d'une très grande profondeur, a donné lieu à des difficultés telles qu'on peut se demander si, dans une circonstance analogue, il conviendrait d'imiter ce qu'on a fait à Trieste ou s'il ne conviendrait pas plutôt d'y apporter quelque modification, ne fût-ce, par exemple, que de renoncer à un fruit presque vertical pour les murs de quais.

Les palées d'amarrage établies dans les darses ne paraissent pas non plus à adopter ailleurs qu'à Trieste; elles gênent le mouvement des navires.

Mais ce que le nouveau port de Trieste offre de vraiment remarquable dans son ensemble, c'est l'étroite connexité établie entre les darses et le chemin de fer. On peut dire que le port est le bassin maritime de la station ou que la station est la gare maritime du port. Nous ne connaissons pas d'autre exemple où cette heureuse disposition soit aussi complètement réalisée.

Le désir du Gouvernement autrichien est, comme nous l'avons dit, de supprimer les franchises de Trieste; toutefois, il a reconnu la convenance de ne pas les supprimer complètement, mais de les restreindre à un espace déterminé, et cet espace comprend précisément la plus grande partie des terre-pleins de rive du nouveau port, c'est le *Punto franco*, le Point franc.

17.

Cette transformation, que Trieste cherche à retarder le plus possible, a reçu cependant un commencement d'exécution. La municipalité et la chambre de commerce, concessionnaires conjointement du Punto franco, y ont déjà construit des magasins.

ADMINISTRATION DU PORT.

Trieste et tous les autres ports de l'Autriche-Hongrie appartiennent à l'État, qui les construit, les entretient et les administre; il en supporte tous les frais et en perçoit tous les revenus.

Les municipalités, les chambres de commerce ne concourent pas aux dépenses des ports; mais elles peuvent intervenir, comme à Trieste, dans l'outillage et l'exploitation de certaines parties des quais.

Le nouveau port de Trieste, commencé en 1866 et terminé en 1883, a coûté environ 36 millions de francs; il a été exécuté à forfait par la Compagnie des chemins de fer du sud de l'Autriche qui a pu réaliser, dit-on, un bénéfice, légitime vu les risques de l'entreprise, d'un peu plus de 10 p. o/o, soit d'à peu près 5 millions.

Les dépenses annuelles pour l'administration et l'entretien du port s'élèvent à environ 1,600,000 francs.

Les recettes annuelles, provenant des taxes de toutes sortes sur la navigation, ne produisent que 1,100,000 francs.

Il y a donc un déficit annuel d'environ 500,000 francs, que supporte le budget du Gouvernement austro-hongrois.

Les taxes générales perçues sur la navigation sont réglées par une loi, du 10 juin 1883, applicable dans tous les ports des côtes autrichiennes et dont nous donnerons l'analyse.

Cette loi a aboli les droits de phare, de tonnage, de santé, de quarantaine, perçus naguère.

A Trieste, l'autorité publique est représentée par un haut fonctionnaire, le gouverneur maritime, dont relèvent tous les services du port et qui possède, pour l'accomplissement de ses fonctions, les pouvoirs les plus étendus.

PHARES.

L'éclairage des côtes est assuré par le Gouvernement qui, jusqu'au 1er juillet 1883, percevait des droits de phares, droits abolis par la loi du 10 juin 1883.

Ce service est donc fait gratuitement aujourd'hui, ou du moins la taxe y afférente se trouve confondue dans le droit de port général dont nous parlerons tout à l'heure.

PILOTAGE.

Il n'y a pas de pilotage de mer, l'accès de la rade étant très facile, même pour les voiliers, mais il existe un pilotage de port pour les mouvements entre la rade et le mouillage ou les nouvelles darses.

Ce pilotage intérieur est gratuit, mais il est obligatoire parce que les manœuvres doivent être faites avec beaucoup de prudence et de précision pour éviter tout danger d'avarie aux navires.

Il n'y a pas moins de soixante pilotes, que l'État paye et vêtit; il leur fournit les embarcations nécessaires et les pensionne quand ils deviennent impropres au service; ces pilotes sont donc, en réalité, de véritables employés de l'État.

Les pilotes vont prendre ou conduire les navires jusqu'à 2 milles, au plus, du port.

Un matériel flottant considérable est affecté aux divers services du Gouvernement maritime; l'entretien de ce matériel a coûté plus de 90,000 francs en 1882, y compris la valeur du charbon consommé par ceux de ces bateaux qui sont à vapeur.

REMORQUAGE.

Il est rare qu'un navire se fasse remorquer, aussi l'industrie du remorquage est-elle nulle à Trieste; mais tout propriétaire d'un bateau à vapeur est libre de donner la remorque, et cela au prix et aux conditions qu'il lui convient d'accepter.

Cependant le Gouvernement maritime met à la disposition du public, quand le service de l'État le permet, deux remorqueurs, dont l'un de la force de 15 chevaux et l'autre de 35 chevaux.

La première heure depuis l'allumage se paye environ 27 ou 54 francs, suivant le remorqueur; chaque heure suivante, entière ou commencée, environ 18 ou 36 francs, suivant le remorqueur.

Pour un service de plus de douze heures on traite de gré à gré.

CONSTRUCTION ET RÉPARATION DES NAVIRES.

Il existe au sud de Trieste, dans la baie de Muggia, deux établissements industriels importants où l'on construit et répare les navires.

L'un, au nord de la baie, à Chiarbola, est l'arsenal du « Lloyd austro-hongrois », une des plus grandes compagnies de navigation de la Méditerranée.

L'autre, au sud de la baie, près de Muggia, est le « Stabilimento tecnico Triestino » (Établissement technique de Trieste).

Dans chacun de ces deux chantiers on trouve un bassin de radoub ; mais le Lloyd occupe presque toujours le sien pour les besoins de sa nombreuse flotte à vapeur, de sorte que c'est le plus souvent au « Stabilimento tecnico » que le public doit s'adresser pour la réparation des navires.

FORME DE L'ARSENAL DU LLOYD.

Les seuls renseignements que nous ayons obtenus sur les conditions d'usage du bassin du Lloyd se réduisent à ceci :

Le premier jour, le navire paye 250 florins, soit environ...... 550 francs.
Chacun des jours suivants, il paye 150 florins, soit environ... 330
En outre, il paye aussi, pour frais d'accorage, épontillage, etc.,
   de 100 à 170 florins, soit environ.............. 220 à 375

FORME DU STABILIMENTO TECNICO.

Navires n'ayant pas plus de 170 pieds (52ᵐ) de longueur sur le pont :

	FLORINS.	FRANCS.
Premier jour...........................	200	440
Chaque jour suivant.....................	100	220

Navires de plus de 170 pieds de longueur :

	FLORINS.	FRANCS.
Premier jour...........................	250	550
Chaque jour suivant.....................	150	330

Si le navire ne doit entrer au bassin que pour refaire son doublage et s'il doit changer au moins 700 feuilles, le prix peut être réglé à raison de 1 florin (2ᶠ20) par feuille.

Ce prix comprend : l'entrée au bassin, l'épuisement, la préparation des tins, l'accorage, la main-d'œuvre pour l'enlèvement du vieux doublage, le calfatage de la coque, la pose du nouveau doublage, enfin la sortie du bassin.

Les agents du Stabilimento apportent, disent-ils, le plus grand soin à relever la courbure de la quille, avant qu'elle touche sur les tins, afin de caler ceux-ci à la demande de la quille de façon à prévenir toute déformation qui fatiguerait les assemblages de la coque.

DROITS DE PORT.
(Loi du 11 juin 1883.)

(Le florin autrichien en or vaut 2 fr. 50 cent., mais le florin en monnaie fiduciaire, à cours forcé, subit une perte variable d'après le change, nous l'avons estimé à 2 fr. 20 cent. Le florin est divisé en 100 kreutzers.)

ART. 4. Les navires nationaux et les navires étrangers assimilés payent à chaque entrée dans un port et par tonneau de jauge :

	KREUTZERS.	FRANCS.
De 26 à 50 tonneaux.....................	4	0,09
51 à 100...................	8	0,18
101 à 150......................	15	0,35
151 à 200......................	20	0,45
201 à 300......................	25	0,55
301 à 400......................	30	0,65
Plus de 400......................	38	0,85

ART. 5. Si le navire fait successivement escale dans des ports nationaux, pendant le même voyage et sans toucher sur sa route à aucun port étranger, il paye dans chacun de ces ports, par tonneau de jauge :

	KREUTZERS.	FRANCS.
De 26 à 100 tonneaux..................	1	0,02
101 à 200......................	2	0,05
201 à 300......................	3	0,07
301 à 400......................	4	0,09
Au-dessus de 400......................	5	0,12

ART. 6. Les navires à vapeur nationaux ou assimilés qui font des voyages périodiques, à itinéraire fixe, entre ports nationaux, sans toucher sur leur route à aucun port étranger, ne payent qu'une fois, à leur retour dans

leur port de départ, les taxes suivantes, sans avoir égard au nombre d'escales effectuées.

	KREUTZERS.	FRANCS.
De 26 à 100 tonneaux.	2	0,05
101 à 150	10	0,25
151 à 200	14	0,30
201 à 300	16	0,35
301 à 400	20	0,45
Au-dessus de 400	25	0,55

Les vapeurs qui font plus d'un voyage périodique par jour ne payent la taxe que pour un seul voyage.

Art. 7. Sont exemptés du droit de port : les navires nationaux ou étrangers assimilés de moins de 25 tonneaux, et les navires en détresse. (Il y a encore d'autres navires exemptés, mais la nomenclature en serait trop longue et d'ailleurs sans intérêt; nous nous bornerons à citer, comme exemple, les bateaux de pêche nationaux.)

Art. 10. A partir du 1er juillet 1883, date de la mise en vigueur de cette loi, sont abolis les droits de tonnage, de santé, de phares et de quarantaine.

TAXE SPÉCIALE DU GRAND CANAL.

Il existe à Trieste un canal formant bassin intérieur, où les navires d'un faible tirant d'eau peuvent pénétrer; on l'appelle le « Grand Canal ».

Pour y séjourner les navires doivent payer 2 kreutzers (0f05) par tonneau et par jour.

Ce bassin a tout au plus une trentaine de mètres de largeur, c'est-à-dire le tiers à peine de la largeur des bassins à flot les plus étroits; il est bordé sur ses deux rives par des quais d'une vingtaine de mètres de largeur au maximum, en arrière et le long desquels sont établis des magasins; il offre un calme parfait aux navires.

Chaque fois que nous avons été à Trieste, nous avons toujours vu le grand canal convenablement occupé.

Il semble donc résulter de cet exemple que, même dans la Méditerranée où la navigation demande toujours de très grandes largeurs pour les darses, des bassins étroits, mais calmes, pourvus de quais et de magasins, peuvent, dans certaines circonstances, jouir de la faveur du commerce.

RÈGLEMENT DU PORT.

Le règlement du port ne contient aucune prescription précise sur les points ayant quelque intérêt pour l'objet de cette étude; il date de 1865, époque où le nouveau port n'existait pas encore et où les navires ne pouvaient venir à quai.

On pourrait presque dire que ce règlement se réduit au préambule de son article 1ᵉʳ, ainsi conçu : « Tout capitaine de navire doit une obéissance absolue au capitaine de port. »

Rien ne doit se faire sans que ce fonctionnaire en soit informé et sans son autorisation.

En cas de contravention le capitaine de port peut infliger des amendes variant de 5 à 50 florins (11 francs à 110 francs), sauf recours de la part des intéressés au gouverneur maritime.

Les amendes sont versées à la caisse de secours de la marine.

L'article 31 pose en principe la gratuité des services des pilotes de port pour l'ancrage, l'amarrage, le déplacement des navires dans le port et, d'une manière générale, pour toute aide ou assistance dont les capitaines peuvent avoir besoin.

Dans le vieux port, en règle générale, toutes les marchandises déchargées à terre ou amenées sur les quais pour être embarquées doivent être enlevées le jour même où elles ont été déposées; cependant le capitaine de port peut autoriser des exceptions à cette règle.

LESTAGE ET DÉLESTAGE.

Le lestage et le délestage paraissent être absolument libres, et il nous a été impossible de savoir à quel prix, en moyenne, se font ces opérations.

EMBARQUEMENT ET DÉBARQUEMENT DES MARCHANDISES.

Des trois bassins qui constituent le nouveau port, le premier a été ouvert à la navigation en 1876, le second en 1879, le troisième, réservé spécialement aux pétroles, n'a été achevé qu'en 1882.

Depuis 1876, le commerce aurait donc eu le temps de s'habituer à tirer des quais tous les avantages qu'ils sont destinés à offrir; notamment, en premier lieu, l'accostage direct des navires à quai; en second lieu, l'emploi des engins mécaniques pour la manutention des marchandises.

18

Mais les divers accidents survenus aux quais, postérieurement à leur achèvement, ont empêché les navires de disposer toujours librement des bassins et
on a reconnu après coup la convenance d'établir dans les darses des palées
d'amarrage, soit pour la sûreté des navires à quai en cas de bora, soit pour
faciliter le stationnement des navires non accostés.

Du reste, quel qu'en soit le motif, lors de notre séjour à Trieste, au mois
de septembre 1882, il n'y avait que deux navires directement élongés à quai.

D'un autre côté, aucune des six grues mobiles à vapeur installées sur les
quais n'était utilisée. Pour expliquer ce fait quelques personnes nous ont dit
que le commerce ne tenait pas à s'en servir, qu'il n'y trouvait aucun avantage.
Mais, d'après d'autres conversations, nous avons cru comprendre que l'opposition des portefaix était aussi une cause du non-emploi des grues.

Nous n'avons pu nous procurer aucun renseignement sur la constitution des
associations de portefaix, ni sur le tarif de leurs opérations, ni sur le prix
du batelage, ni sur celui du camionnage ; mais on nous a dit que les portefaix
étaient très puissants et que quelques-uns d'entre eux, notamment ceux qui
font la manutention des blés, exerçaient une sorte de terrorisme.

La Société des magasins généraux, dont nous parlerons plus loin, a toujours
eu avec les portefaix des rapports assez tendus et ce n'est pas sans peine
qu'elle est parvenue à obtenir un peu plus de modération dans leurs prétentions.

Il paraît que souvent les capitaines des navires ou les consignataires des
cargaisons ne traitent pas eux-mêmes directement avec les portefaix, mais
s'adressent à des intermédiaires nommés « recommandataires » dont l'intervention
ne fait, naturellement, que renchérir la manutention.

Le prix moyen de la journée d'un manœuvre ordinaire est, en ville, de
2 fr. 50 cent. à 2 fr. 75 cent., mais le salaire d'un portefaix sur le port peut
s'élever à 4 francs.

Nous donnerons tout à l'heure des renseignements précis sur le prix de la
manutention quand elle est opérée par les magasins généraux.

Il existe, à Trieste, une sorte de code des « Usages de place » qui définit les conditions ordinaires et de bonne foi auxquelles sont supposées faites les opérations
commerciales et maritimes, quand il n'y a pas de conventions contraires
stipulées par écrit. Nous ne connaissons de semblable règlement dans aucun
autre port.

L'exemplaire que nous avons eu entre les mains date de 1882 ; il a été
publié par la chambre de commerce.

APPAREILS DE MANUTENTION.

Le port de Trieste est assez médiocrement pourvu de grues, et celles qui
existent sont peu ou point utilisées.

Il n'y a sur le vieux port qu'une seule grue, fixe, à bras, de la force de
4 tonnes ; elle appartient à l'État, qui la met à la disposition du public aux
conditions du tarif suivant (du 7 novembre 1869).

CHARGEMENT ET DÉCHARGEMENT D'UN COLIS.

Colis pesant....	500 kilogrammes.....................	0^f 45^c
	1 tonne..........................	1 10
	2 tonnes.........................	2 20
	4 tonnes.........................	3 30

CHARGEMENT ET DÉCHARGEMENT D'UN NAVIRE.

Navire jaugeant	10 tonneaux......................	4^f 40^c
	25.............................	5 70
	50.............................	13 20
	de 50 à 100 tonneaux.............	22 00
	de 100 à 200....................	33 00
	plus de 200....................	44 00

L'État possède aussi un ponton bigue ou mâture flottante, de la force de
23 tonnes, dont le commerce peut se servir quand cet appareil n'est pas
occupé par l'administration du port.

EXTRAITS DU TARIF.

Journée de six heures, du 1er octobre au 31 mars (hiver)......	115 francs.
Journée de huit heures, du 1er avril au 30 septembre (été).....	150
Heure supplémentaire. . { de jour.....................	20
{ de nuit.....................	27

Le temps se compte par demi-heure, depuis l'arrivée du ponton sur le lieu
du travail jusqu'à l'achèvement de l'opération.

L'administration des magasins généraux, dont il sera parlé plus loin, possède six grues mobiles, à vapeur, sur les quais du nouveau port.

Ces six grues ont une volée qu'on peut faire varier de 7 mètres à 9 mètres; quatre d'entre elles sont de la force de 2 tonnes et les deux autres de 1 tonne et demie. Les tarifs d'usage de ces grues seront donnés à l'article concernant l'exploitation des hangars des quais.

Ces beaux appareils, dont chacun a coûté, en moyenne, de 35 à 40,000 fr., étaient absolument inutilisés lors de notre visite.

Mais parmi les causes auxquelles on peut attribuer ce défaut d'emploi des grues, il convient peut-être de signaler la nature un peu spéciale du gros trafic du port, qui comprend surtout les bois et les blés.

DÉPÔT TEMPORAIRE ET MAGASINAGE DES MARCHANDISES.

Avant la création du nouveau port, chaque négociant avait son magasin particulier dans la ville, dont tout le périmètre jouissait et jouit encore de la franchise de douane ; il n'existait d'ailleurs aucun hangar sur les quais.

Mais depuis l'achèvement des deux bassins à grande profondeur, et sous la pression du Gouvernement qui veut restreindre le plus tôt possible la franchise à une portion des terre-pleins accostables, on a commencé la construction de magasins sur la rive du port et de hangars sur les traverses.

Nous allons donner au sujet de ces établissements les informations que nous devons à l'obligeance d'un des hauts fonctionnaires chargés de leur administration.

Quand le Gouvernement eut décidé la suppression de la franchise de la ville et de la restreindre à un point franc, le commerce de Trieste demanda que le point franc offrît une superficie de magasins telle qu'on pût y déposer 500,000 quintaux, soit 50,000 tonnes de marchandises, à raison de 3 quintaux par mètre carré; ces magasins devraient donc avoir environ 167,000 mètres carrés de plancher.

Pour justifier un pareil chiffre on dit que la ville n'est pour ainsi dire qu'un grand magasin; que le rez-de-chaussée de la plupart des maisons des négociants sert à entreposer des marchandises, et on n'estime pas à moins de 800,000 mètres carrés la surface ainsi occupée.

Il faut croire que le Gouvernement a trouvé cette demande exagérée, car l'ensemble des six magasins-entrepôts construits sur le port ne présente pas une superficie de plus de 26,577 mètres carrés.

Il est vrai que le commerce de Trieste se base précisément sur cette énorme différence pour réclamer l'extension des magasins, dans l'espoir que la suppression de la franchise de la ville ne pourra pas avoir lieu en 1886, comme le voudrait le Gouvernement.

Indépendamment des entrepôts du point franc, il était nécessaire de prévoir la construction de magasins sans franchise de douane.

Enfin on désirait munir les traverses de hangars, comme dans les ports les mieux organisés, et installer sur les quais des grues à vapeur pour la manutention.

Il y avait donc là tout un programme d'ensemble à réaliser.

Le Gouvernement avait pensé que le meilleur moyen d'en assurer l'exécution consistait à procéder par voie de concession à une société privée.

Mais cette société n'avait chance de réussir qu'à la condition de servir d'intermédiaire entre le commerce et la navigation et il était nécessaire de lui en accorder la faculté.

Quand les courtiers, les commissionnaires, etc., de Trieste apprirent ce projet, ils y virent une concurrence dangereuse pour leurs intérêts personnels et une menace de ruine.

Sous l'influence de ces préoccupations le municipe et la chambre de commerce, qui comptent parmi leurs membres un certain nombre de ces courtiers, furent amenés à demander la concession des installations projetées afin d'évincer toute société privée.

Cette concession leur fut accordée à une époque que nous ne connaissons pas exactement, mais qui est certainement peu antérieure à 1880, c'est-à-dire toute récente.

Les concessionnaires ont, comme devait l'avoir une société privée, le droit de servir d'intermédiaires; mais il y a cette différence que la société eût fait tous ses efforts pour se procurer des clients, qu'elle fût allée les chercher pour ainsi dire; tandis que le municipe et la chambre de commerce sont tenus, par la nature même des motifs qui les ont fait agir, à attendre les clients et à ne pas faire une concurrence trop active aux courtiers et commissionnaires de la ville ni aux propriétaires de magasins particuliers.

Il sera intéressant de suivre cette expérience et de voir si, pour le succès d'une pareille entreprise, on peut se passer du stimulant de l'intérêt privé.

L'association du municipe et de la chambre de commerce n'a pas fait l'objet d'un contrat; chacune de ces deux corporations s'est bornée à prendre séparément une résolution identique; elles ont évité ainsi des frais d'enregistrement assez élevés, paraît-il.

Cette société s'appelle : *« Magasins généraux du municipe et de la chambre de commerce et d'industrie de Trieste. »*

Elle est administrée par un conseil de douze membres, dont six sont nommés par le municipe et six par la chambre de commerce.

Le conseil choisit un président et un vice-président pris dans son sein.

Le président actuel est le vice-podestat. (Le podestat remplit, à Trieste, des fonctions analogues à celles d'un maire dans une ville de France.)

Le conseil nomme un directeur et un directeur adjoint, ainsi que le personnel de l'administration des magasins généraux.

Le capital de la société est d'un million de florins (environ 2,250,000 francs); mais, en septembre 1883, on n'avait encore appelé que 800,000 florins à peu près.

L'amortissement du capital doit avoir lieu en vingt-cinq ans, ce qui impose une assez lourde charge à l'exploitation; la société eût désiré une prorogation de ce délai, mais le Gouvernement l'a refusée et a déclaré qu'il avait l'intention, comme il en a le droit, de racheter la concession avant l'expiration des vingt-cinq ans.

La concession accordée sous le titre de *Magasins généraux* comprend :

1° Des magasins soumis au régime douanier ;

2° Des magasins affranchis de l'action de la douane ;

3° Les hangars.

1° Les magasins soumis à la douane ne peuvent recevoir que des marchandises nationales ou nationalisées destinées à l'exportation.

2° Les magasins affranchis de la douane constituent ce qu'on appelle le port franc ou le point franc. Ils peuvent recevoir des marchandises provenant de l'étranger et aussi des marchandises nationales; mais les marchandises nationales qu'on y introduit perdent, par le fait même, leur nationalité et ne peuvent plus revenir dans le territoire douanier qu'après avoir subi les formalités d'entrée.

3° Les hangars à élever sur les quais sont destinés principalement au dépôt transitoire et à la manutention des marchandises débarquées des navires ; ils sont considérés comme situés en dehors du territoire douanier.

Les magasins généraux ont le droit de faire toutes les opérations qui sont autorisées généralement partout dans ce genre d'établissements (manutention, magasinage, délivrance de warrants, ventes publiques, etc.).

Toute contestation entre l'administration des magasins généraux et le public portant sur une somme ne dépassant pas 2,000 florins (environ 4,500 francs) est réglée par arbitres et sans appel.

RÈGLEMENT ET TARIF DES HANGARS
APPROUVÉS, LE 12 SEPTEMBRE 1881, PAR LE MINISTRE DU COMMERCE.

Nous ne citerons de ce règlement que les extraits des articles offrant un intérêt général.

Art. 5. Le capitaine a le droit de faire le déchargement de son navire au moyen des grues et apparaux du bord ; mais s'il emploie les grues du quai il payera à l'administration (des Magasins généraux) un demi-kreutzer (0 fr. 011) par quintal métrique, soit 11 centimes environ par tonne.

Art. 6. Le capitaine peut être autorisé et, dans certains cas, obligé à travailler la nuit et les jours fériés.

Art. 12. D'une manière générale, la marchandise déposée dans les hangars répond pour le payement de toute taxe due à l'administration (des Magasins généraux).

Art. 14. Les déposants peuvent faire eux-mêmes les réparations et manutentions que réclament leurs marchandises, pourvu qu'il n'en doive résulter aucun préjudice aux tiers.

Art. 16. Durant les trois premiers jours les marchandises déposées dans les hangars jouissent de l'exemption totale du payement de tout droit de magasinage. Mais pendant ces trois jours elles ont toutefois à payer une taxe de gardiennage de 0 fr. 005 environ par quintal et par jour (soit 5 centimes par tonne).

Les marchandises qui restent déposées pendant plus de trois jours payent un droit de magasinage croissant avec la durée du séjour (voir le tarif ci-après).

Mais après six jours de stationnement les marchandises peuvent être enlevées et déposées d'office aux frais et risques de qui de droit, sur un avis donné le troisième jour de dépôt (article 12).

Art. 18. L'administration a seule le droit de faire l'embarquement des marchandises passant par les hangars ou par le magasin n° 4. (Planche VIII.)

Art. 20. L'administration peut permettre que le chargement et le déchargement soient faits sur les quais munis de hangars et sur le quai du magasin n° 4, par les soins des capitaines, des propriétaires ou consignataires des marchandises, mais, dans ce cas, elle a droit à une perception de o fr. 025 par quintal (soit environ 25 centimes par tonne), plus au payement du droit d'usage des grues et des ponts d'embarquement, s'il y a lieu.

Art. 21. Les navires qui chargent ou déchargent aux quais des hangars ou du magasin n° 4 n'ont droit qu'à un temps limité de stationnement.

Ce délai est fixé, tant pour le chargement que pour le déchargement, d'après la durée du travail journalier prévue par le règlement des magasins généraux; il est de quatre jours pour chaque opération si la cargaison est de 1,000 tonnes (tonnes de 1,000 kilogrammes), de six jours si la manutention comprend de 1,000 à 1,500 tonnes, de huit jours pour plus de 1,500 tonnes. Passé ce délai, ou si l'opération de chargement ou de déchargement est terminée auparavant, le navire peut être immédiatement éloigné du quai.

D'octobre à février inclusivement il est accordé un jour de plus pour chaque opération.

Quand les circonstances le permettent, l'administration pourra accorder une prolongation de délai, mais à la condition que le bâtiment payera, par tonneau de jauge, 12 centimes pour le premier et le second jour supplémentaires, 24 centimes pour chaque jour suivant.

EXTRAITS DU TARIF.

(Par jour et par tonne de 1,000 kilogrammes.)

Taxe de gardiennage pendant la durée du dépôt libre....... 0^f 05^c

MAGASINAGE APRÈS LE DÉLAI CI-DESSUS.

Les trois premiers jours............................ 0 45

Pour chaque jour suivant, la taxe de 0 fr. 45 cent. est aug-
menteé de jour en jour de........................ 0 225

(Le minimum de perception pour droit de gardiennage est fixé
à 1 fr. 10 cent. par tonne.)

EMPLOI DES GRUES À VAPEUR.

Journée entière................................. 18^f 00^c
Demi-journée.................................... 11 00
Emploi d'un pont de déchargement, par jour............. 3 50

Nota. — Le tarif donne, par nature de marchandise, le prix des opérations
suivantes par 100 kilogrammes.

1° Débarquement et embarquement;

2° Transport aux magasins généraux;

3° Pesage et chargement en wagon, par wagon complet;

4° Pesage et chargement en wagon, par colis.

Il serait sans intérêt de donner le détail de ces prix qui s'élèvent naturellement pour les marchandises riches ou susceptibles, et s'abaissent, au contraire,
pour celles de moindre valeur et peu délicates.

Mais on aura une idée suffisante de ce tarif en sachant que les prix applicables aux objets de grand trafic sont, à peu près uniformément, les suivants,
par tonne de 1,000 kilogrammes :

Débarquement ou embarquement..................... 0^f 45^c
Transport aux magasins généraux..................... 0 70
Pesage et chargement en wagon... { par wagon complet..... 0 55
                                  { par colis............. 0 70

Pour les marchandises volumineuses et pour les colis pesant plus de 2 tonnes
on traite à prix débattus.

Le minimum de la perception pour le déchargement et de celle pour le
transport en magasin est de 3 fr. 50 cent.

RÈGLEMENT ET TARIF DES MAGASINS.

(Publié en 1880.)

Le règlement des magasins ne contient aucune disposition spéciale qu'il y ait lieu de signaler ici comme offrant un intérêt particulier; nous nous bornerons donc à analyser sommairement le tarif.

Les marchandises sont divisées en sept classes; à chaque classe correspond un prix spécial de magasinage par 100 kilogrammes et par semaine.

Dans le tableau suivant nous donnons les prix ramenés à la tonne de 1,000 kilogrammes.

TYPES DES MARCHANDISES.	CLASSES DES MARCHANDISES.	PRIX DU MAGASINAGE par tonne et par semaine.
		fr. c.
Marchandises riches......................................	I.	1 10
Comestibles, marchandises encombrantes...................	II.	0 70
Produits chimiques et industriels.........................	III.	0 55
Marchandises de grand trafic.............................	IV.	0 45
Métaux...... { de valeur (cuivre, acier, etc.)...............	V.	0 35
{ ordinaires (fers, rails, etc.)..................	VI.	0 25
Matières premières de peu de valeur, peu altérables, encombrantes, etc..	VII.	0 10

En outre de ces tarifs généraux il existe des tarifs spéciaux à prix réduits pour certaines natures de marchandises.

Ainsi les grains et graines, les légumes, les blés, les farines, les sucres, etc., ne payent que le prix de la cinquième classe.

En résumé, on peut dire que la plupart des marchandises de grand trafic supportent un droit de magasinage variant de 25 centimes à 45 centimes, soit en moyenne 35 centimes, par tonne de 1,000 kilogrammes et par semaine.

En outre du magasinage il y a à payer la taxe de mise en magasin et celle de livraison. Ces deux taxes varient avec la classe des marchandises de 22 centimes à 90 centimes par tonne. Pour les marchandises de grand trafic, elles sont, chacune, de 35 centimes pour les marchandises emballées et de 45 centimes pour les marchandises en vrac.

Le pesage, quand il doit être fait, coûte de 25 centimes à 45 centimes par tonne.

Si l'état de la marchandise réclame des soins spéciaux exigeant l'emploi d'hommes à la journée, on paye :

Heure d'ouvrier............................... 0^f 55^c
Demi-journée d'ouvrier......................... 2 20
Journée entière d'ouvrier...................... 4 00

Les magasins généraux sont tenus de donner en location des comparti-ments séparés dans les locaux qui leur appartiennent.

Ces locations, faites pour une durée de trois mois au moins, se traitent de gré à gré.

L'exploitation des magasins généraux a commencé en 1880.

Le mouvement moyen journalier (entrées et sorties), a été :

En 1880 de....................................... 36 tonnes.
1881... 160
1882... 235

Le 31 décembre 1882, les dépôts s'élevaient :

Dans les magasins, à........................... 9,949 tonnes.
Dans les locaux loués, à....................... 1,414

TOTAL........................... 11,363

A la fin du mois de mai 1882 il y avait 13,689 tonnes; c'est le chiffre le plus élevé constaté jusqu'au commencement de juin 1883; à cette époque (mai 1882), les magasins étaient à peu près complètement occupés.

En 1880, il a été délivré 5 à 6 warrants.

	NOMBRE DE WARRANTS.	VALEUR EN FRANCS.
En 1881	102	550,000
1882	341	2,700,000

Pour les six premiers mois de 1883 on estime que la valeur des warrants n'est pas inférieure à 5,500,000 francs.

Et cependant certains négociants n'aiment pas à emprunter à une société locale dont d'autres négociants, leurs confrères, sont administrateurs; et, pour conserver le secret de leurs affaires, ils préfèrent s'adresser à une banque dont le siège est à Vienne et qui n'est représentée à Trieste que par une seule personne dont la discrétion est une nécessité professionnelle.

Le rapide progrès de l'institution des magasins généraux est dû au commerce des sucres, qui a pris dans ces derniers temps un développement considérable.

Les sucres jouissent, en Autriche, d'une prime à l'exportation; et les fabricants de la Bohême et de la Moravie envoient leurs produits à Trieste, d'où la navigation les emporte vers le Levant.

Ces industriels en venant à Trieste ont, en outre, l'avantage d'y trouver de l'argent plus abondant et moins cher qu'ailleurs.

Mais les sucres ne peuvent profiter du dégrèvement qu'à la condition d'être entreposés dans les locaux de la société des magasins généraux. C'est ce qui explique le succès actuel de cette entreprise.

En fait, lors de notre visite, en septembre 1883, on ne voyait guère que du sucre dans les magasins.

Malgré cet heureux début, l'exploitation donne encore des recettes insuffisantes, de sorte que la ville et la chambre de commerce sont obligées de pourvoir, chacune pour moitié, aux frais excédants.

En 1882, les dépenses ont été les suivantes :

FLORINS.

Frais d'exploitation		32,740	59
Obligations. . . . . { Intérêts 38,474 93		55,800	00
{ Amortissement 17,325 07			
Total		88,540	59
Les recettes ne se sont élevées, au contraire, qu'à		81,466	86
Laissant ainsi un déficit de.		7,073	73

Soit environ 15,600 francs.

MAGASINS À PÉTROLE.

Le municipe possède un magasin à pétrole à Saint-Sabba, au sud et à une assez grande distance de Trieste, sur le bord de la mer.

Ce magasin, qui peut recevoir 40,000 barils, comprend un certain nombre de compartiments convenablement aménagés que la ville loue aux négociants.

Voici, à titre d'exemple, quelques articles du tarif de location.

Un compartiment pouvant contenir 3,550 barils gerbés sur trois rangs, ou 4,700 barils sur quatre rangs, se loue environ 3,100 francs pour une année, ou 1,650 francs pour six mois, ou 1,000 francs pour trois mois.

Un compartiment pouvant contenir 625 barils sur trois rangs, ou 850 sur quatre rangs, se loue 750 francs pour un an, ou 420 francs pour six mois, ou 250 francs pour trois mois.

Les locations se font pour trois mois au moins.

On peut louer aussi des espaces plus petits, mais ayant au moins 18 mètres carrés, soit par mois à raison de 90 centimes par mètre carré, soit par trimestre à raison de 2 fr. 20 cent. par mètre carré.

On estime qu'on peut empiler sur 3m,60, 18 barils à trois rangs et 24 à quatre rangs.

La ville n'assume d'ailleurs aucune responsabilité en cas d'accident fortuit ou d'incendie.

MAGASIN PRIVÉ POUR LES HUILES ORDINAIRES.

Il n'existe, à Trieste, qu'un seul magasin privé exploité industriellement, c'est un magasin pour les huiles ordinaires.

Il contient des citernes, des cuves et de grands barils.

Le négociant qui en est propriétaire fait des avances sur les huiles qu'on lui confie en dépôt.

Il n'a pas de tarif spécifié d'avance et traite de gré à gré pour chaque cas particulier.

MAGASIN À BLÉ DU CHEMIN DE FER.

Il convient de citer encore, comme magasin spécial, les grands réservoirs à blé de la compagnie du chemin de fer (Südbahn).

Ces réservoirs ou silos, tout à fait analogues à ceux de Birkenhead (Angleterre), comprennent 474 puits métalliques quadrangulaires pouvant contenir chacun environ 50 tonnes de blé.

Malheureusement, ce magnifique magasin est absolument vide depuis quatre ans; les blés exportés de Hongrie sont maintenant détournés de Trieste et attirés à Fiume par les tarifs réduits des chemins de fer hongrois; d'un autre côté, le commerce d'importation des blés a subi une très grave atteinte par suite des droits imposés, à l'entrée, sur les grains étrangers (américains, russes, etc.).

Les communications du port avec l'intérieur sont assurées :

1° Directement par le chemin de fer du Sud Autrichien (Südbahn), de Trieste à Vienne, et ses embranchements;

2° Indirectement par le chemin de fer Rudolfbahn, qui se réunit à la Südbahn à Laibach (à 144 kilomètres de Trieste).

Une nouvelle voie est projetée pour relier Trieste aux chemins de fer de l'Istrie à la station de Herpelje (ligne de Pola).

Cette nouvelle voie, de 19 kilomètres de longueur, partira de la baie de Muggia; elle présentera une pente moyenne de 30 millimètres; elle doit être bientôt entreprise et on compte qu'elle sera exécutée en trois ans; la dépense est estimée à 22 millions de francs.

En fait, Trieste est actuellement le point terminus du seul chemin de fer qui y aboutisse et qui y accède par une longue pente de 9 kilomètres de longueur rachetant, sur cette distance, une différence de niveau de 150 mètres.

Nous avons déjà dit combien la gare de Trieste, qui s'étend parallèlement à toute la longueur des nouveaux quais, est heureusement située pour le service du port; elle comporte un développement total de 26 kilomètres de voies, tant dans la gare (grande et petite vitesse) que sur les quais. Malgré cette grande extension des rails, on désirerait avoir encore sur les quais plus de voies de garage pour le matériel roulant.

L'absence de garages suffisants entraîne l'obligation de manœuvres fréquentes, d'autant plus longues que la gare est elle-même plus allongée.

Le mouvement mensuel moyen de petite vitesse a été, en 1882 :

Pour les arrivages, de 50,000 tonnes.

Pour les expéditions, de 25,000 tonnes.

On admet couramment que le mouvement journalier est de 3,000 tonnes, dont 2,000 tonnes, soit les deux tiers, en arrivages, sont apportées par 300 wagons.

Les arrivages sont surtout des matières brutes et principalement du bois.

Bien qu'il arrive environ 300 wagons par jour, il paraît qu'il n'y en a pas habituellement plus de 400 à 500 dans la gare, ce qui indiquerait une activité peu commune dans les déchargements et une exploitation remarquablement bien organisée. Dans les moments de grande activité, le nombre des wagons en gare peut s'élever à 800.

Le commerce des bois jouant un rôle très important à Trieste, on a ménagé dans la gare des surfaces considérables pour le dépôt de ces matériaux; on pourrait, nous a-t-on dit, y emmagasiner 100,000 tonnes de bois.

Les bois peuvent, en règle ordinaire, rester gratuitement en gare pendant huit jours; mais pour attirer à Trieste ceux qui auraient une tendance à aller à Fiume, on leur concède aujourd'hui un stationnement gratuit de vingt et un jours.

Les quais étant en dehors de la gare proprement dite, la marchandise qu'on y prend ou qu'on y amène paye environ 0 fr. 22 cent. par tonne, en sus du prix correspondant pour la gare.

STATISTIQUE.

Dans la statistique du mouvement de la navigation, à Trieste, on fait abstraction de toutes les barques jaugeant moins de 10 tonneaux, mais on compte tous les voyages des petits vapeurs jaugeant plus de 10 tonneaux.

On fait également abstraction des bateaux de navigation locale et on désigne ainsi ceux qui, pour venir au port, n'ont pas fait un parcours d'au moins 84 milles.

ENTRÉES EN 1882.

PAVILLONS.	NAVIRES CHARGÉS				NAVIRES VIDES				TOTAUX.			
	à voiles.		à vapeur.		à voiles.		à vapeur.		à voiles.		à vapeur.	
	NOMBRE.	TONNAGE.	NOMBRE.	TONNAGE.	NOMBRE.	TONNAGE.	NOMBRE.	TONNAGE.	NOMBRE.	TONNAGE.	NOMBRE.	TONNAGE.
Austro-hongrois....	2,687	105,372	1,312	521,476	387	25,167	107	62,335	3,074	130,539	1,419	583,811
Américain........	2	2,065	"	"	"	"	"	"	2	2,065	"	"
Danois..........	9	1,502	"	"	2	198	"	"	11	1,800	"	"
Français.........	3	617	"	"	"	"	"	"	3	617	"	"
Allemand........	20	11,982	2	802	1	72	2	802	21	12,054	4	1,604
Grec............	150	15,804	2	1,394	28	5,518	1	258	178	21,322	3	1,652
Anglais..........	9	3,052	180	217,299	"	"	8	8,444	9	3,052	188	225,734
Italien..........	1,385	57,015	246	134,482	308	26,339	9	108	1,693	83,354	255	134,590
Monténégrin......	36	1,140	"	"	1	28	"	"	37	1,168	"	"
Hollandais........	3	552	"	"	"	"	"	"	3	552	"	"
Turc............	28	2,235	"	"	2	126	1	393	30	2,361	1	393
Russe............	6	2,554	1	625	"	"	"	"	6	2,554	1	625
Sammiotte...... .	2	294	"	"	"	"	"	"	2	294	"	"
Suédois et norvégien.	32	13,829	5	2,082	1	308	"	"	33	14,137	5	2,082
TOTAUX........	4,372	218,013	1,748	878,160	730	57,856	128	72,340	5,102	275,869	1,876	950,500

	NOMBRE.	TONNAGE.	NOMBRE.	TONNAGE.	NOMBRE.	TONNAGE.
VAPEURS ET VOILIERS RÉUNIS	6,120	1,096,173	858	130,196	6,978	1,226,869

On sera sans doute frappé du rôle insignifiant que joue le pavillon français Trieste (comme à Venise et aussi à Fiume) et cependant il y a un mouvement très notable entre Trieste et certains ports français.

Ainsi, en 1882, il est parti de Trieste, en destination de la France, 189 navires jaugeant 107,000 tonneaux et qui étaient tous chargés.

Les chiffres totaux de 6,978 navires et de 1,226,369 tonneaux ne donnent pas une idée exacte de l'importance de Trieste au point de vue de la navigation internationale.

Pour l'apprécier sous ce rapport il convient d'opérer sur les chiffres ci-dessus des réductions notables.

Ainsi on peut éliminer à coup sûr tous les navires en provenance des ports austro-hongrois de l'Adriatique, soit :

Voiliers..........................	3,001	jaugeant	75,384 tonneaux.
Vapeurs	785		139,682
Totaux..............	3,786		215,066

et en outre les navires provenant de la Vénétie, soit ;

Voiliers........................	747	jaugeant	27,422 tonneaux.
Vapeurs........................	297		111,832
Totaux..............	1,044		139,254

D'où une réduction totale au minimum de : 4,830 navires et de 354,320 tonneaux, qui ramène les chiffres correspondant à la navigation internationale à un maximum de 2,148 navires, jaugeant 872,049 tonneaux.

Dans ce total le pavillon anglais figure pour : 197 navires et 228,786 tonneaux, c'est-à-dire avec sa supériorité accoutumée.

Quant au pavillon austro-hongrois, la plus grande part qui lui revient, dans la navigation internationale, paraît devoir être attribuée aux services réguliers de la compagnie subventionnée de navigation à vapeur le «Lloyd» entre Trieste, d'une part, l'Égypte, la Turquie et les Indes, d'autre part.

En effet les entrées de navires à vapeur venant de ces pays ont été :

	NAVIRES.	TONNEAUX.
Égypte.............................	63	82,234
Turquie.............................	294	249,600
Indes..............................	53	78,714
Totaux..................	410	410,548

Le document dont nous avons extrait les renseignements qui précèdent contient quelques indications intéressantes.

Ainsi, en 1802, il était entré à Trieste : 5,442 navires jaugeant 186,326 tonneaux.

En 1882, c'est-à-dire quatre-vingts ans après, on compte à l'entrée 6,978 navires jaugeant 1,226,369 tonneaux.

Le nombre des navires a donc augmenté seulement de 1,536, soit de moins de 30 p. o/o, tandis que le nombre des tonneaux s'est accru de 1,040,043, soit de plus de 500 p. o/o.

En 1854 le nombre des navires entrés a atteint son maximum, soit 12,598 navires, jaugeant 852,157 tonneaux

Le tonnage moyen était donc, en 1854, inférieur à 70 tonneaux; en 1882, il est supérieur à 170 tonneaux.

Les données statistiques ne permettent pas d'apprécier le degré de chargement des navires tant à l'entrée qu'à la sortie, cependant il semble résulter de chiffres un peu vagues et de l'appréciation de personnes compétentes que le port de Trieste jouirait de cet avantage précieux et exceptionnel d'importer, en poids, à peu près autant de marchandises qu'il en exporte.

Ainsi, en 1882, il est entré, chargés : 6,120 navires jaugeant 1,096,178 tonneaux, et il est sorti, également chargés : 5,860 navires jaugeant 1,139,562 tonneaux.

La valeur des exportations et des importations par mer diffère aussi assez peu.

Valeur en florins autrichiens, pour l'année 1882, des :

Importations par mer......................... 162,778,719 florins.
Exportations par mer......................... 147,488,604

Les quantités de marchandises exportées et importées par mer étant exprimées en unités diverses (par quintal, par hectolitre, par pièce, etc.), il est impossible de donner facilement une idée de l'importance relative de chacune d'elles, dans le mouvement général du port.

Mais on sait que Trieste est un grand marché de bois et de blé et que le commerce du blé y est momentanément amoindri par suite de la concurrence de Fiume et des droits imposés à l'importation.

Trieste n'est pas soumis, comme un grand nombre, sinon la plupart des ports de la Méditerranée, à l'obligation de s'approvisionner exclusivement par mer de la houille qui lui est nécessaire et qui fournit un si grand aliment à la navigation anglaise.

En 1882, Trieste n'a reçu par mer que 40,591 tonnes de houille, tandis qu'elle en a reçu par terre 71,064 tonnes.

FIUME.

(Planche IX.)

Bien que l'étude du port de Fiume n'entrât pas dans le programme qui nous avait été indiqué, nous avions tant entendu parler, à Trieste, de la concurrence de Fiume que nous avons cru devoir consacrer au moins quelques instants à l'inspection du port hongrois.

Grâce à l'obligeance du directeur des travaux, M. Hajnal, nous avons pu nous faire une rapide et première impression de cet établissement maritime.

Il est incontestable qu'on travaille avec une activité exceptionnelle à l'extension et à l'amélioration du port; nous citerons comme preuve ce fait que, en neuf mois, on a exécuté le port au pétrole dont la jetée du large s'étend par des fonds de 20 à 22 mètres sur une longueur de près de 300 mètres.

Il est également certain que le Gouvernement hongrois ne recule devant aucune mesure propre à développer la navigation, le commerce et l'industrie à Fiume. Il subventionne une compagnie de navigation à vapeur, «l'Adria»; il abaisse certains tarifs de chemins de fer; il concède pour la formation d'établissements industriels des terrains qu'il crée à grands frais, etc.

Nous avons assisté à la première mise en feu d'une vaste distillerie de pétrole, la plus grande, dit-on, qui existe en Europe; l'emplacement de cette usine a été déblayé dans le roc et les blocs de pierre qu'on a extraits ont servi à construire le port au pétrole situé précisément devant l'usine.

On espère que la distillerie expédiera, chaque jour, 20 wagons contenant chacun 58 barils de pétrole raffiné, soit environ 200 tonnes; et comme on perd généralement 30 p. 0/0 de pétrole dans le raffinage, cette production exige un apport journalier de 260 tonnes de pétrole brut, ce qui entraîne l'obligation de faire arriver, en moyenne, un navire d'environ 500 tonneaux tous les deux jours.

A proximité de la distillerie s'élèvent de grands bâtiments, de construction récente, où l'on pile et décortique le riz.

Nous avons constaté dans les hangars-magasins qu'on vient d'achever sur les quais, tout nouvellement établis, de grandes quantités de blés et de farines.

Ces hangars-magasins sont élevés, sur cave, de un ou deux étages; les parties essentielles de leurs charpentes sont en fer.

Sur le port on voit des dépôts considérables de bois.

Le développement des quais accostables est à peu près le même qu'à Trieste, etc., etc.

Et, pourtant, malgré cela, il ne semble pas douteux, au moins quant à présent, que Fiume est encore un port secondaire par rapport à Trieste.

Fiume n'est pas outillé pour la construction ni pour la réparation des navires, tandis que Trieste offre, à ce point de vue, toutes les ressources désirables.

A Fiume les capitaux paraissent être aussi rares qu'ils sont abondants à Trieste.

Mais on ne saurait nier que Fiume est en voie de progrès extraordinairement rapides.

Il est assez remarquable que les quatre grues mobiles à vapeur des quais de Fiume sont inutilisées comme à Trieste; et cependant il n'y a pas ici l'obstacle des corporations de portefaix; ce qui vient à l'appui de l'opinion que la nature du trafic (blés et bois) n'en rend pas l'usage très avantageux.

On a fait à Fiume et à Trieste des essais d'éclairage électrique auxquels on semble avoir renoncé.

Nous extrayons du rapport de la chambre de commerce et d'industrie de Fiume les données statistiques suivantes, pour l'année 1882.

NAVIGATION. (ENTRÉES.)

VAPEURS.	NOMBRE.	TONNAGE.
Austro-hongrois................................	837	237,789
Français.....................................	1	704
Allemand....................................	1	742
Anglais.....................................	110	115,166
TOTAUX....................	949	354,401

VOILIERS.	NOMBRE.	TONNAGE.
Austro-hongrois...........................	1,190	75,877
Américain................................	1	1,356
Français..................................	2	463
Allemands...............................	14	10,611
Grecs....................................	52	5,101
Anglais..................................	2	325
Italiens..................................	826	35,023
Monténégrin..............................	1	35
Hollandais...............................	1	1,438
Ottomans.................................	4	134
Russe....................................	1	1,040
Espagnol.................................	1	327
Suédois et norvégiens.....................	5	1,292
TOTAUX..................	2,100	133,022

RÉSUMÉ.

Vapeurs.................................	949	354,401 tonneaux.
Voiliers.................................	2,100	133,022
TOTAUX................	3,049	487,423

Le poids total des importations et des exportations, par mer, s'est élevé en
1882 à 440,964 tonnes, représentant une valeur de 43,977,955 florins
(1 florin vaut environ 2 fr. 20 cent.).

TABLE DES MATIÈRES.

_____

	Pages.
Sommaire.	1

CHAPITRE PREMIER.

ESPAGNE.

Barcelone.	11
Administration. — La Junta.	11
Services divers du port.	23
Dimensions et dispositions des darses et des quais.	23
Aménagement des quais.	27
Machinerie hydraulique.	28
Hangars, magasins.	30
Taxes. — Considérations générales.	32
Droits fixes (de phares, de pilotage, de port).	37
Droits d'usage (de remorquage, de lestage, de radoub).	39
Manutention et magasinage des marchandises.	42
Exploitation des quais.	44
Renseignements statistiques.	44
Règlement de la Junta du port.	55
Règlement pour l'usage des quais.	65

CHAPITRE II.

ITALIE.

Renseignements généraux.	71
Services divers des ports.	72
Taxes imposées à la navigation.	72
Gênes.	74
Considérations générales.	74
Renseignements sur les nouveaux travaux du port.	79
Des quais.	80
Règlement du port. Pilotage.	82
Remorquage.	83

Pages.

Construction et réparation des navires.   85
Lestage et délestage.   89
Manutention des marchandises.   89
Des portefaix.   92
Grues.   96
Stationnement et transport des marchandises à terre.   97
Magasinage des marchandises.   99
Statistique.   103

VENISE.   109

Considérations générales.   109
De la station maritime.   112
Terre-pleins des quais de la station maritime.   113
Voies ferrées de la station maritime.   114
Hangars, magasins, grues, de la station maritime.   115
Manutention, magasinage de la station maritime.   116
Mouvement de la station maritime.   116
Création d'établissements industriels en connexion avec la station maritime.   116
Pilotage.   118
Remorquage, radoub.   119
Transport et manutention des marchandises.   120
Magasins.   123
Statistique.   125

CHAPITRE III.

AUTRICHE-HONGRIE.

TRIESTE.   129

Considérations générales.   129
Administration du port. — Phares. — Pilotage.   132
Remorquage.   133
Construction et réparation des navires.   134
Droits de port.   135
Règlement du port.   137
Lestage et délestage.   137
Embarquement et débarquement des marchandises.   137
Appareils de manutention.   139
Magasins généraux. — Dépôt temporaire et magasinage des marchandises.   140
Règlement et tarif des hangars.   143
Règlement et tarif des magasins.   146
Magasins spéciaux (pétrole, huile, blés).   148
Chemins de fer.   150
Statistique.   151

FIUME.   154

PLANCHES.

I.   Port de Barcelone. . . . . . . (Octobre 1883.)

II.   —   Coupes transversales des quais.

III.   —   Distribution des grues hydrauliques et des hangars.

IV.   Port de Gênes. . . . . (A la fin de l'année 1883.)

V.   —   Profil de la jetée ouest.

VI.   Port de Venise. . . . . Carte des lagunes. (1868.)

VII.   —   Plan de la station maritime.

VIII. Port de Trieste. . . . . (Septembre 1883.

IX.   Port de Fiume. . . . . (Août 1883.)

Pl. I.

PORT DE BARCELONE.
(Octobre 1883)

Échelle de 5.000

NOTA: *les ouvrages dont le contour est marqué par un trait de pierre et les constructions dont le plan est couvert d'une hachure double existent seuls actuels en octobre 1883.*

les traits faibles et les hachures simples indiquent des travaux en cours d'exécution ou en projet.

Jetée de l'Est

MOUILLAGE DES NAVIRES DE GUERRE

DARSE DE CAMPAGNE

DARSE DE L'INDUSTRIE

Cale de halage

BARCELONETTE

DARSE DU COMMERCE

DARSE DE St BELTRAN

Magasins Magasins Magasins

Place du Palais

Place de l'Abondance

BARCELONE

Embarcadère du chemin de fer direct de Madrid à Barcelone.

Batterie

PORT DE BARCELONE.

Pl. II.

Coupe transversale du Quai de la Muraille.

Échelle au 1/400.

Fig. 1.

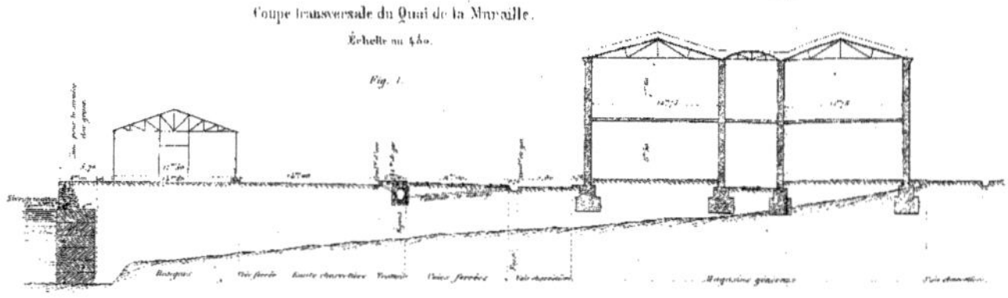

Coupe transversale du quai de Barcelone.

Échelle au 1/400.

Fig. 8.

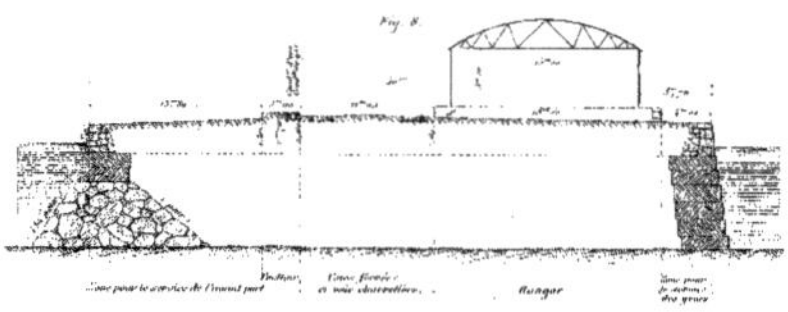

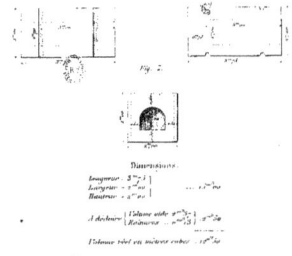

Coupe de la Jetée de l'Est.

Fig. 2.

Échelle au 1/400.

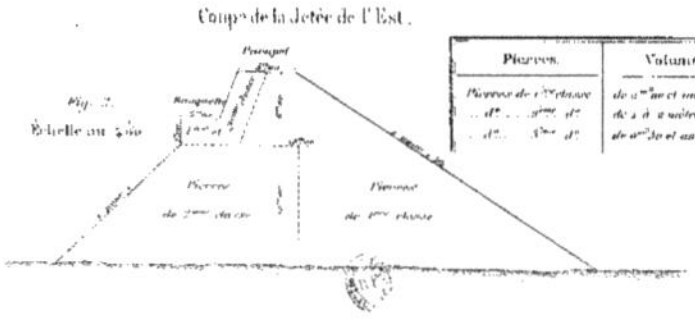

Pierres.	Volumes.	Poids.
Pierres de 1re classe	de 2m³00 et au dessus	de 4 800 kil. et au-dessus
d° ... 2me d°	de 1 à 2 mètres cubes	de 2 300 à 4 600 kilogr.
d° ... 3me d°	de 0m³30 et au-dessus	de 700 à 2 300 kilogr.

Quai de Catalogne.

Profil transversal.

Échelle au 1/100.

Fig. 6.

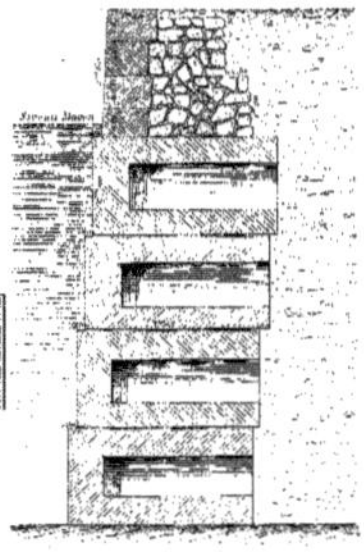

Quai de Catalogne. — Musoir.

Échelle au 1/400.

Fig. 3.

1re Section transversale.

Fig. 4.

2me Section transversale.

Fig. 5.

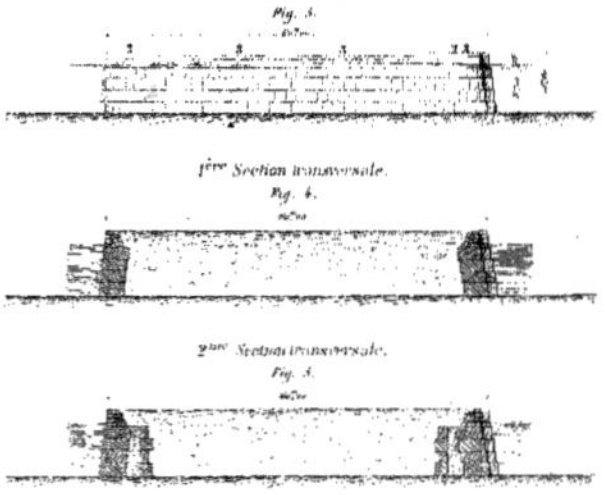

Détails des blocs évidés.

Échelle au 1/100.

Fig. 7.

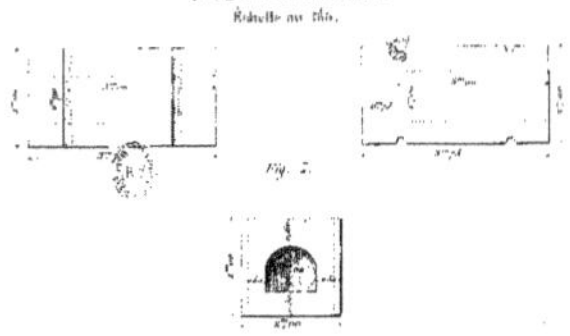

Dimensions.

Longueur . 3m75
Largeur . 2m00
Hauteur . 2m00

A déduire { Volume vide ... / Rainures ... }

Volume réel en mètres cubes . 12m³50

PORT DE BARCELONE.

Plan général de la distribution des eaux hydrauliques, des hangars et des voies ferrées
sur les quais du Dépôt, de la Muraille, Ataruzanas et de Barcelone.

Échelle de 0,000.

PORT

AVANT-PORT

SAMPIERDARENA

Bassin
du chemin de fer

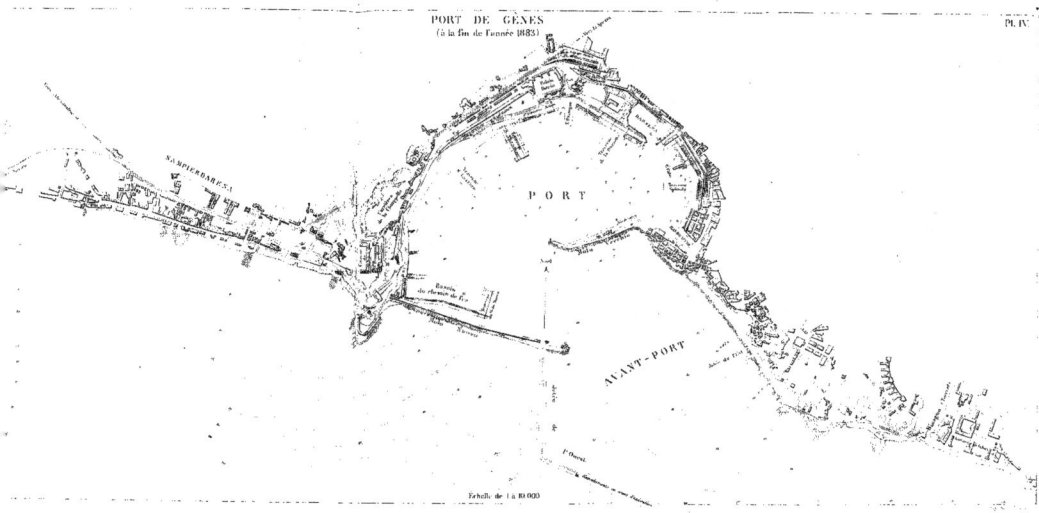

Echelle de 1 à 10.000

Pl. V.

PORT DE GÊNES

Profil de la jetée Ouest

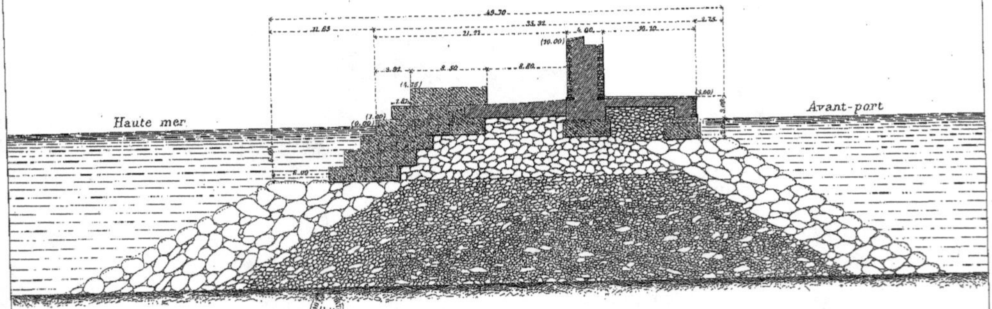
49.70
31.83
35.32
4.00
10.10
2.75
(10.00)
8.80
(4.75)
(1.00)
(0.00)
(3.00)
Haute mer
Avant-port

Phases d'exécution des enrochements

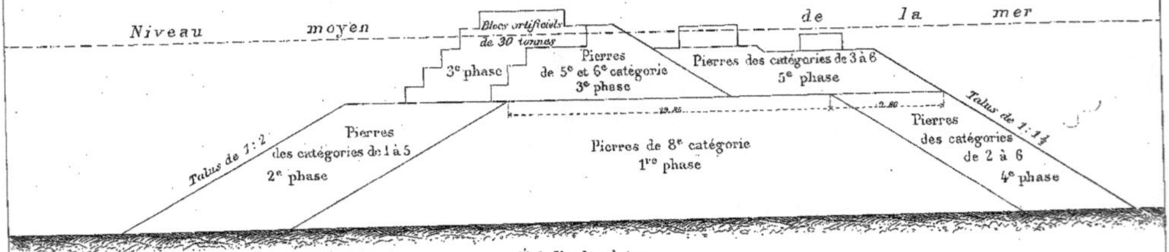
Niveau moyen de la mer
Blocs artificiels de 30 tonnes
3e phase
Pierres de 5e et 6e catégorie 3e phase
Pierres des catégories de 3 à 6 5e phase
Talus de 1 : 1¼
Pierres des catégories de 2 à 6 4e phase
Pierres de 8e catégorie 1re phase
Pierres des catégories de 1 à 5 2e phase
Talus de 1 : 2
29.85
2.80

Échelle de 1 à 400

Imprimerie Nationale

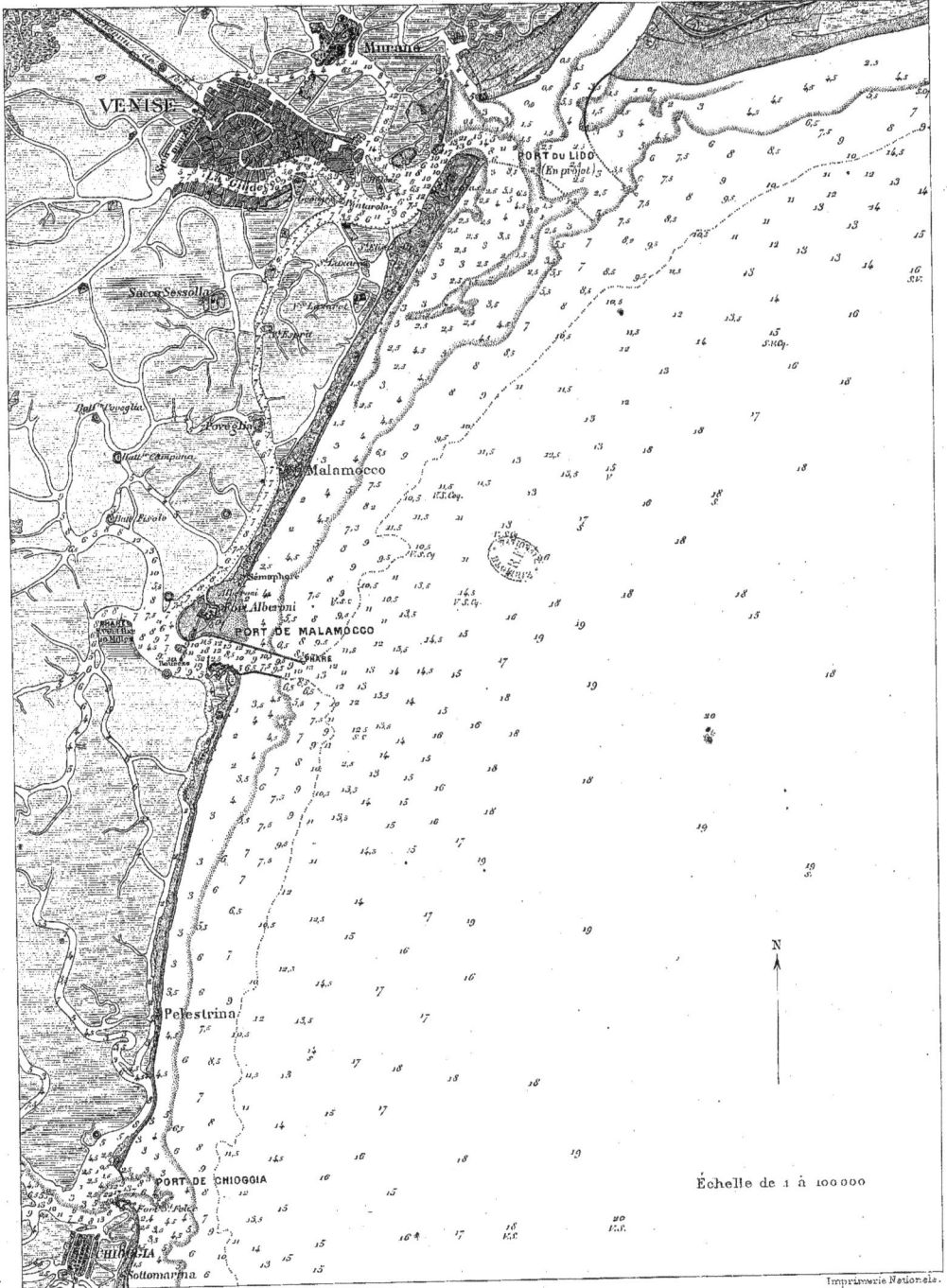

VENISE

Murano

PORT DU LIDO
(En projet)

Sacco Sessola

Malamocco

Sémaphore

Fort Alberoni

PORT DE MALAMOCCO

PHARE

Pelestrina

PORT DE CHIOGGIA

CHIOGGIA

Sottomarina

N

Échelle de 1 à 100000

Imprimerie Nationale.

Pl. VII.

VENISE

Plan de la station maritime.

Terrains sur lesquels doivent être construits les Magasins généraux et le nouveau « Punto franco »

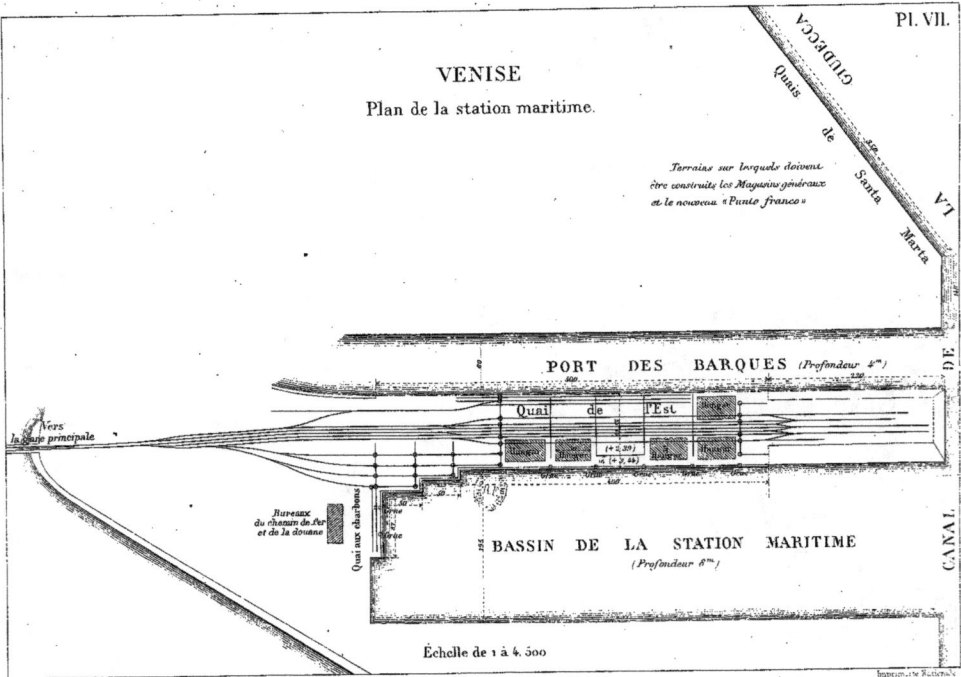

Quai de Santa Marta

GIUDECCA

LA DE CANAL

PORT DES BARQUES *(Profondeur 4ᵐ)*

Quai de l'Est

Vers la gare principale

Bureaux du chemin de fer et de la douane

Quai aux charbons

BASSIN DE LA STATION MARITIME
(Profondeur 6ᵐ)

Échelle de 1 à 4.500

Imprimerie Nationale

Pl. VIII.

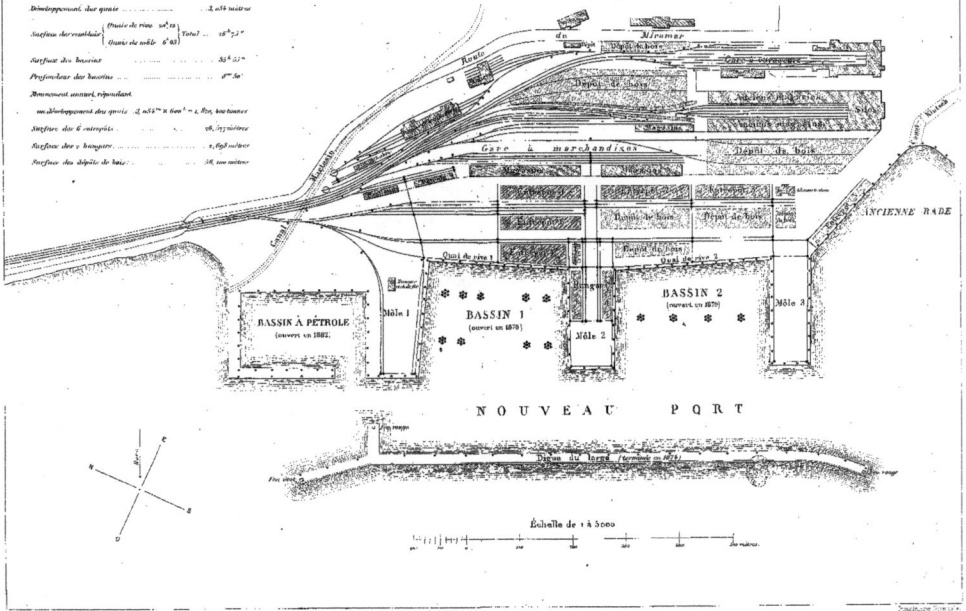

NOUVEAU PORT DE TRIESTE
Septembre 1883